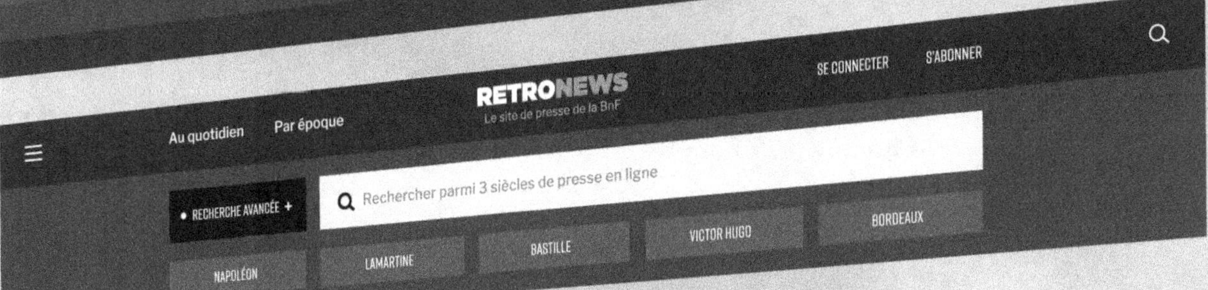

Découvrez l'histoire par les archives de presse

RETRONEWS

Le site de presse de la BnF

www.retronews.fr

BULLETIN MENSUEL

DE LA

Société d'archéologie lorraine

ET DU

Musée historique lorrain

2e Série, Tome XXII (71e Volume)

1927

NANCY

AU SIÈGE DE LA SOCIÉTÉ

PALAIS DUCAL

GRANDE-RUE (VILLE-VIEILLE)

—

1927

Bulletin mensuel

DE LA

SOCIÉTÉ D'ARCHÉOLOGIE LORRAINE

ET DU

MUSÉE HISTORIQUE LORRAIN

22ᵉ ANNÉE. — Nᵒˢ 1-3. — JANVIER-MARS 1927.

Procès-verbal de la séance du vendredi 10 décembre 1926

Présidence de M. Edmond DES ROBERT, président.

Le procès-verbal de la dernière séance est lu et adopté.
Le colonel R. LYAUTEY et M. R. PARISOT sont excusés.

Communications

M. le Président présente le modèle de carte individuelle qui sera mis en distribution contre paiement de la cotisation de 1927.

A l'égard de l'édition en couleur de la Pompe funèbre du duc Charles III, une première démarche en vue de son acquisition n'a pas abouti, la collection *Denkmäler des Theaters* ne se détaillant pas. Une autre démarche est en cours par les soins de M. Bruneau.

Fouilles

M. Larue, président de la Cour d'appel de Luxembourg, signale le succès des fouilles entreprises à Diekirch (Grand-duché de Luxembourg), ancienne station romaine, près du confluent de la Sure et de l'Alzette. On a notamment mis au jour deux intéressantes mosaïques dont M. Larue envoie les croquis.

Nécrologie

M. le comte de Bucy, qui avait demandé à faire partie de la Société, vient de mourir avant son admission régulière, laquelle devait avoir lieu aujourd'hui.

Admissions

Sont admis comme membres titulaires de la Société : l'Association des Amis du Vieux-Nancy, M. E. Adrien-Didion, le docteur H. Boucher, M. Georges Bouf, le docteur Maurice Coliez, MM. Paul Daum, Emile Devit, l'abbé Étienne Drioton, MM. Marcellin Fabre, Désiré Ferry, l'abbé Fiel, M. Gaston Gavet, Mme Giros, le docteur Louis Knœpfler, MM. Martin Kunégel, Charles Larue, le comte Jean de Mahuet, MM. Gabriel de Montvalon, Malval, Auguste Peltier, George Petitjean, Marcel Oswald, Pierre Renauld, Gaston Rogé, Schleiter, Jean Thomas, P.-É. Vial, Édouard de Warren, François de Wendel.

Présentations

Sont présentés en la même qualité :

L'École Saint-Sigisbert, 19, cours Léopold, par MM. Edmond des Robert, L. Germain de Maidy et Marcel Maure ; M. Roger **Billoret**, élève au lycée Henri-Poincaré, par MM. A. Gain, A. Troux et P. Lacoste ; Mlle **Chassignet**, 24, rue de Boudonville, par MM. Edmond des Robert, Charles Bruneau et Émile Duvernoy ; MM. Claude **Franck**, 33 *bis*, rue de Nancy, Champigneulles, par MM. A. Gain, A. Troux et P. Lacoste ; Georges **Jalard**, Les Charmettes, à Champigneulles, par MM. Edmond des Robert, Demeufve et P. Laprevote ; Paul **Lagrange**, membre de la Société des Gens de lettres, 198, rue de la Roquette, Paris (XIe), par MM. Charles Sadoul, Edmond des Robert et Charles Bruneau ; de **Lallemand de Mont**, 10, rue Étienne-Marcel prolongée, Paris (IIe), par les mêmes ; André **Muller,** chef de bataillon au 2e bataillon de chasseurs à pied, 194, rue du Montet, par MM. Edmond des Robert, Chenut et Demeufve ; le baron André **de Ravinel,** château d'Adoménil, par Lunéville, par MM. Edmond des Robert, le comte de Mahuet et M. Germain de Maidy ; Mgr Eugène **Tisserant,** conservateur à la Bibliothèque vaticane, palais du Vatican, Rome, par MM. Edmond des Robert, le vicaire général Jérôme et M. le chanoine Dedenon.

Ouvrages offerts à la Société

Le poète Saint-Lambert et ses ancêtres, par Louis Bossu. Paris, Picard, 1924, in-8° (Extrait de la *Nouvelle Revue de Champagne et de Brie,* 1914, p. 136-201), tiré à 10 exemplaires numérotés.

En Lorraine. Petits croquis de l'arrière, par Pierre Vernines [Eugène Vial]. Paris, Berger-Levrault, 1919, in-32, 89 p.

Exposition Claude Gellée dit le Lorrain, galerie Marcel Guiot, 1926, 32 p. in-8° (Catalogue illustré).

M. Edmond des Robert dépose à la bibliothèque de la Société un exemplaire de la *Chronique des ducs de Brabant,* par Barlande, ouvrage imprimé à Anvers en 1599, où est relatée la fin de Charles le Téméraire.

Lectures

M. Edmond des Robert lit pour M. Bossu, procureur général à Chambéry, une communication sur *Les Gascons d'Armagnac au secours du duc René II.*

M. Émile Duvernoy termine la lecture de son *Étude sur la Chronique de Lorraine.* (L'auteur peut-il être identifié? A quelle date a-t-il écrit sa chronique?)

Cette étude paraîtra dans le prochain volume de *Mémoires,*

M. Germain de Maidy lit ensuite *Quelques remarques sur la Chronique de Lorraine.* (Utilité d'une édition vraiment critique.)

Procès-verbal de la séance du vendredi 14 janvier 1927

Présidence de M. Edmond des Robert, président.

Le procès-verbal de la dernière séance est lu et adopté.

Communications

M. le Président souhaite la bienvenue aux nouveaux membres de la Société présents à la séance. Il fait part de la marche de la propagande et communique une lettre de M. Parisot, président de la Fédération historique lorraine, au sujet du Congrès que doit tenir cette Fédération le 5 juin 1927, jour de la Pentecôte, à Sarrebrück. Le comité désirerait connaître avant la fin du mois le nombre des participants et la durée de leur séjour, ainsi que le titre des communications qu'ils se proposent de faire.

Nécrologie

Il est donné avis du décès de M. Victor Berger, président du Syndicat de la librairie, mort à Nancy en décembre 1926.

Admissions

Sont reçus membres titulaires de la Société : l'École Saint-Sigisbert, M. Roger Billoret, Mlle Chassignet, MM. Claude Franck, Georges Jalard, Paul Lagrange, de Lallemand de Mont, le commandant André Muller, le baron André de Ravinel, Mgr Eugène Tisserant.

Présentations

Sont présentés en la même qualité :

Princeton University, New-Jersey, U. S. A., par MM. Edmond des Robert, Charles Bruneau et Émile

Duvernoy; le **Collège de la Malgrange**, à la Malgrange, Jarville; Charles **Arnoult**, ingénieur, 10, rue de Laxou; Pierre **Barbey**, 5, rue Sainte-Catherine; Henri **Batault**, 63, rue du Faubourg-Saint-Jean; Henri **Bertin**, 43, rue du Faubourg-Stanislas, par les mêmes; Joseph **Besnard**, 3, boulevard de Belleville, Paris (XVe), par MM. le chanoine Eugène Martin, Émile Duvernoy et Edmond des Robert; la comtesse **de Bucy**, 4, rue Pasteur, par MM. Edmond des Robert, Léon Germain de Maidy et Émile Maure; le comte Jacques **de Chatellus**, au château de Bettoncourt, par Mirecourt (Vosges); Roger **Clément**, conservateur des Musées et de la Bibliothèque de la ville de Metz, rue de la Bibliothèque, Metz; Gaston **Colin**, professeur à la Faculté des Lettres, 32, quai Claude-le-Lorrain; Remy **Collin**, professeur à la Faculté de Médecine, 31, rue de Metz, Maxéville; le docteur **Fruhinsholz**, 7, rue Victor-Hugo; le docteur Louis **Job**, professeur agrégé à la Faculté de Médecine, 40, rue des Carmes; Paul **Nicou**, 10, rue de la Pépinière; Charles **Thiéry**, 62, rue Isabey; Frédéric **Trimbach**, 27, rue Jeanne-d'Arc, Lunéville; Louis **Trotabas**, professeur à la Faculté de Droit, 1, rue d'Auxonne, par les mêmes.

Ouvrages offerts à la Société

Un Lorrain au service de la maison d'Autriche. Le général baron de Vincent (1757-1834), par Marcel MAURE. 32 p. in-8°, éditions du *Pays lorrain.*

Les Bourbons à Plombières, par l'abbé FIEL. 16 p. in-8°, éditions du *Pays lorrain.*

Procès entre les familles Le Febure, de Lombillon et de Rennel (1733-1736), par le comte A. DE MAHUET. Nancy, Humblot, 1926, 48 p. in-8°, extrait des *M. S. A. L.*, 1923-25.

Recherches sur les origines du protestantisme dans la Principauté de Sedan, 1re étude (1563-93) sur la déclara-

tion d'un sieur Richer Roujoux, par A. PHILIPPOTEAUX. Alençon, Corbière et Jugain, 1926, in-8°, 24 p. (Extr. du *Bull. de la Soc. de l'hist. du protestantisme français*, juillet-sept. 1926).

Les Carmélites de Metz, par G. THIRIOT. Metz, Impr. lorraine, 1926, in-8°, 183 p. (Extr. des *Mém. de l'Acad. nat. de Metz*).

La réunion de Metz à la France (1552-1648), par Gaston ZELLER. 1re partie, L'occupation. Paris, Les Belles Lettres, 1926, in-8°, 502 p.

Lectures

M. Edmond des Robert lit, pour M. AMBROISE, une communication sur l'*Hôtel d'Haussonville à Nancy*.

Cette communication donne lieu à un échange de vues auquel prennent part MM. Germain de Maidy, Duvernoy et le général de Bouvier.

M. Émile DUVERNOY lit une étude sur la *Continuation de la Chronique de Lorraine (1477-1564)*.

Procès-verbal de la séance du vendredi 11 février 1927

Présidence de M. Edmond DES ROBERT, président.

Le procès-verbal de la dernière séance est lu et adopté.

Communications

M. de Montvallon et le commandant Muller ont adressé des remercîments à l'occasion de leur admission.

M. Edmond des Robert annonce le classement des tapisseries du XVe siècle (Condamnation de Banquet et La reine Vasthi) et leur prochain envoi pour réparation à la Manufacture nationale des Gobelins. Cette réparation est évaluée à 100.000 francs.

M. le maréchal Lyautey, aux bons offices duquel est due en grande partie cette solution, offre à la Société de mettre

à son service toute son influence pour accélérer l'extension du Musée rendue nécessaire par son encombrement
actuel et même indispensable pour la présentation des
tapisseries réparées. Une réunion du Comité du Musée
est aussitôt décidée pour arrêter un plan de campagne.

Les deux stèles de Cutry, arrivées à bon port, sont exposées provisoirement à l'entrée de la salle des Antiquités.

Le Comité des Amis de La Mothe sollicite le concours
pécuniaire de la Société pour la continuation des fouilles
de cette ancienne ville forte.

Le ministre de l'Instruction publique et des Beaux-Arts
a accordé une subvention de 1.500 francs pour aider à
l'impression du travail de M. Émile Duvernoy dans le
prochain volume des Mémoires.

La Société vote l'impression de ce travail (Étude sur la
Chronique de Lorraine) et nomme, pour former la Com-
mission, MM. Robert Parisot, Pierre Boyé et René
Harmand.

Admissions

Sont admis comme membres titulaires de la Société :
l'UNIVERSITÉ DE PRINCETON, le COLLÈGE DE LA MALGRANGE,
MM. Charles ARNOULT, Pierre BARBEY, Henri BATAULT,
Henri BERTIN, Joseph BESNARD, Mme la comtesse DE BUCY,
le comte Jacques DE CHATELLUS, MM. Roger CLÉMENT,
Gaston COLIN, Remy COLIN, le docteur FRUHINSHOLZ, le
docteur Louis JOB, MM. Paul NICOU, Charles THIÉRY,
Frédéric TRIMBACH, Louis TROTABAS.

Présentations

Sont présentés en la même qualité : MM. Georges
Bastien, 14, rue Gambetta, par MM. André Gain, Lacoste
et Troux ; Paul **Croctaine**, 8, rue de la Monnaie, par
MM. Edmond des Robert, Charles Bruneau et Émile
Duvernoy ; Mme la baronne Maurice **de Thomassin de**

Montbel, 6, rue de Boudonville, par les mêmes; René **Worms**, 4, terrasse de la Pépinière, par les mêmes.

Ouvrages offerts à la Société

Généalogies inédites de la région de Thionville, par Edmond DES ROBERT. I. *La famille de Soucelier*. Metz, Les Arts Graphiques, 16 p. in-8. Extrait de l'*Annuaire de la Soc. d'histoire et d'archéologie lorraine*, 1927.

Bulletin of the international Committee of historical sciences, n° 1, octobre 1926. Les Presses universitaires de France.

Lectures

M. Edmond DES ROBERT lit une note intitulée : *A propos de la taque aux armes de Sébastien de Tynner*.

M. Léopold BOUCHOT donne lecture d'un travail sur *La peste en Lorraine de 1630 à 1636*.

M. le comte A. DE MAHUET lit une *Note sur un prix décerné en 1617 au Collège de Nancy*.

La séance est levée à 17 h. 30.

AVIS

Par raison d'économie, les excursions organisées par la Société sont simplement annoncées dans la presse locale; néanmoins, les membres de la Société, qui en exprimeraient le désir, pourraient en recevoir directement avis. Pour cela, il suffirait de le faire savoir au président ou au secrétaire, au Palais ducal.

La Commission de rédaction des publications s'excuse des fautes typographiques qui, par suite d'un concours de circonstances fortuites, se sont glissées dans le *Bulletin* d'octobre-décembre 1926 ; la plupart furent rectifiées de suite par les lecteurs, telle celle qui donne Nicolas pour Nicole, le graveur bien connu (p. 126).

MÉMOIRES

Récit inédit de la translation des reliques de saint Amon, second évêque de Toul
(10 mars 1493)

En feuilletant le très précieux obituaire du chapitre cathédral de Toul dont nous préparons l'édition (1), nous avons trouvé sur un des feuillets qui le terminent le récit de la translation du maxillaire inférieur de saint Amon, second évêque de Toul (2), qui eut lieu en 1493, récit ignoré à ce qu'il nous semble des érudits toulois. Il paraît contemporain des évènements qu'il rapporte : son écriture est du xve siècle. Il est fait en un fort mauvais latin. On en trouvera plus loin la transcription ; en voici à peu près la teneur :

L'an du Seigneur 1493, le dimanche où l'on chante *Oculi*, en cette année-là le 10 mars, vers la huitième heure, après qu'on eut poussé solennellement les cloches et qu'on eut allumé les cierges et les lampes, le chœur psalmodiant l'antienne : *Ave, gemma sacerdotum Tullensis ecclesiae* (3), les reliques du saint Amon furent descendues

(1) Obituaire et livre de distribution du chapitre de Toul, ms. du xive siècle avec de nombreuses additions (Cf. MOLINIER, *Les obituaires français*. Paris, 1890, n° 313, p. 216).

(2) Il est généralement admis sur la foi des catalogues et de la tradition que saint Amon est le successeur de saint Mansuy. (L. DUCHESNE, *Fastes épiscopaux de l'ancienne Gaule*. Paris, 1915, t. III, p. 61-62.)

(3) Antienne du Magnificat, premières vêpres:

Ave, gemma sacerdotum
Tullensis Ecclesiae
Amon gerens cor devotum
Offerens quotidie
Alum cœli, vitae potum
Conferens familiae ;
Per te cœtum hunc pranotum
Duc ad regna gloriae.

[Mgr. Bouange], *Saint Amon, évêque de Toul, second patron de la paroisse de Villiers-le-Sec, diocèse de Langres, sa vie, ses reliques, son culte*. Langres, 1881, in-16, p. 67.

du lieu élevé où elles gisaient, au-dessus des sièges de ceux qui officient à l'autel et déposées sur une table dressée sous la couronne de Pibon (1). Puis le doyen Jean Roberti déposa la mâchoire inférieure avec d'autres reliques dans un récipient d'or et d'argent, enrichi de pierres précieuses, fait en forme de tête coiffée d'une mitre pontificale.

Les prêtres, le corps de ville et les habitants de l'un et l'autre sexe étant présents, on replaça, comme il convenait, les autres ossements du saint, en même temps que ses vêtements et son cilice où ils se trouvaient depuis longtemps. On promena ensuite par la ville le buste-reliquaire en l'honorant. La procession terminée, la grand'messe fut célébrée avec le concours des grandes orgues.

Alors un enfant de chœur, âgé de douze ans, monta sur le pupitre où les jours de fête on lit l'évangile près du crucifix, et étant allé sur la stalle des petites orgues, tomba d'une hauteur de seize pieds dans la nef devant l'autel Saint-Martin et ne ressentit pas plus de mal de sa chute que s'il n'avait pas failli. On vit en cela un miracle et une marque de la sainteté du bienheureux confesseur.

Il nous faut situer ce récit dans l'histoire des reliques de saint Amon (2). Si nous en croyons Adson, abbé de Montié-render, Amon fut enterré à côté de son prédécesseur saint Mansuy (3). D'après les actes du saint évêque aujourd'hui

---

(1) Sur cette couronne, *cf. infra*, p. 13, n. 4.

(2) Nous remercions MM. les abbés Clanché et Demange des renseignements extrêmement utiles qu'ils nous ont donnés avec une grande bienveillance sur l'histoire des reliques de saint Amon.

(3) *Vita et miracula sancti Mansueti* dans *Acta sanctorum*, sept., I, p. 644 : « In oratorio quod superius diximus beati Petri, apostolorum principis, honore a sancto viro studiose constructum, cum eodem praedecessore suo sanctissimo condique traditus est sepultum. »

perdus et cités par le P. Benoît Picart (1), l'évêque « Frotaire fit la cérémonie de la translation de ses reliques vers l'an 820..., mais on les cacha depuis avec celles des saints Alcas et Celsin dans un souterrain pour les dérober à la fureur des Normans ou des Hongrois qui ravagèrent cette province sur la fin du neuvième siècle et commencement du dixième ». Saint Gauzelin « les retira de ce souterrain » du temps qu'il réparait l'église de saint Mansuy.

En 1026, Hermann, évêque de Toul, fit transporter le corps saint en l'église cathédrale (2). En 1365, au chapitre général des Cendres, il fut décidé que l'on ferait une châsse en forme de chapelle pour y placer les reliques de saint Amon (3).

Enfin, le 26 février 1509 les chanoines ordonnèrent la confection d'une nouvelle châsse et décrétèrent que « J. Pelerin, maître de fabrique emploierait pour la construction de ce tombeau le chandelier d'argent qui était sous la couronne [de Pibon] ». Le 19 septembre 1511, le chapitre prescrivit la translation des reliques (4).

----

(1) Benoît PICART, *Hist. de la ville et du diocèse de Toul*. Toul, 1707, p. 207.

(2) *Gesta episcoporum Tullensium, Mon. Germ. hist., SS.*, t. VIII, p. 463 : « Ipse [*entendez* : Herimannus] corpus beati Amonis a cœnobio gloriosi Mansueti transtulit et in ecclesia episcopalis sedis, ubi nunc honorifice veneratur collocavit ». La date 1026 est rapportée dans la « légende de l'église cathédrale » (Benoit PICART, *op. cit.*, p. 207) ; elle est donc sujette à caution.

(3) Communication de M. l'abbé Clanché d'après les actes capitulaires, arch. de Meurthe-et-Moselle.

(4) Jean Pélerin qui fut chargé de commander la châsse est le fameux VIATOR, auteur du livre *de Artificiali perspectiva;* Gaston SAVE, qui a écrit une biographie de Pélerin (*Jean Pélerin le Viateur chanoine de Saint-Dié, de Nancy et de Toul, auteur de la « Perspective artistique »de 1505* dans *Bull. Soc. philom. vosg.*, 1896-97, pp. 265-355) n'a pas relevé ce détail. Pélerin fut chargé de l'érection du tombeau de saint Mansuy (SAVE, *op. cit.* pp. 309-313). — La couronne dont il est question ici est celle que Pibon, évêque de Toul, donna à la cathédrale. Elle était

La cérémonie eut lieu le 23 octobre de la même année (1).

Voilà ce que nous apprennent les textes et ce que rapportent généralement les historiens de Toul. La translation dont nous avons retrouvé le récit est donc de dix-huit ans antérieure au transfert du corps dans une nouvelle châsse.

* *

Benoît Picart avait observé au commencement du xviiie siècle que l'on conservait à la cathédrale de Toul à la fois une châsse et un buste-reliquaire de saint Amon. Aussi, faisant le récit de la translation de 1511, la seule qu'il connut après celle de 1026, ajoute-t-il (2): « La mâchoire inférieure, qu'on avait séparée du corps, fut mise dans un buste de même richesse. » Le savant capucin crut sans preuve que la translation du maxillaire et celle du corps se firent en même temps, probablement parce que le buste-reliquaire et la châsse étaient d'un style qui décelait une même époque. L'affirmation de Benoît Picart fut reprise par les érudits toulois et renforcée par une précision nouvelle : l'abbé Guillaume remarque « qu'il y eut offrande de deux reliquaires de prix. La châsse, rehaussée d'or et de

d'or et d'argent et avait 20 m. de circonférence (cf. abbé Morel, *Notice historique et descriptive de la cathédrale de Toul*, 1841).

On ouvrit la châsse de saint Amon le 26 septembre 1662 et on y trouva cette cédule : « Anno Salutis M vᶜ x perfecta fuit præsens capsa sancti Amonis episcopi Tullensis, Julio 2° summo pontifice, Hugone Leucorum, Joanne de Lotharingia Metensium, Ludovico... Trevirorum praesulibus Maximiliano imperante, Ludovico xiiᵒ Francorum, Antonio Lotharingiae et Barri duce. » (Communication de M. l'abbé Clanché.)

(1) Charte d'Hugues des Hazards, évêque de Toul, par laquelle il déclare qu'en présence du clergé et devant une grande affluence du peuple, il transporta d'une vieille châsse de bois dans une nouvelle enrichie d'or, d'argent et de pierreries, les reliques de saint Amon qui avaient été transportées de Saint-Mansuy où Amon avait été enterré à la cathédrale par l'évêque Hermann (cf. Lepage, *Notes pour servir à l'histoire de la cathédrale de Toul*, dans *J. S. A. L.*, 1852-53, p. 213, n. 1).

(2) *Op. cit.*, pp. 207-208.

pierreries, don du chapitre, et le buste du prélat aussi en argent et enrichi comme la châsse, *don de l'évêque [Hugues des Hazards]* » (1). L'abbé Vanson dit, à peu près dans la même forme, que « Hugues des Hazards dont la mugnificence égalait la piété enferma dans un buste d'argent orné de pierres précieuses la mâchoire inférieure de saint Amon » (2). Ni l'abbé Guillaume, ni l'abbé Vanson, historiens peu minutieux, n'ont justifié leur narration en citant une source. Il ne convient donc pas que nous prêtions créance à leurs témoignages. Le texte que nous publions prouve sans qu'on y puisse vraisemblablement contredire que la translation du maxillaire se fit en 1493, par conséquent non pas sous l'épiscopat de Hugues des Hazards, mais sous celui d'Antoine de Neufchâtel (1460-1495) (3).

Le buste-reliquaire est signalé dans un inventaire des reliques de la cathédrale du 6 novembre 1634 (4). Il figure aussi dans un « État de l'argenterie trouvée dans les églises supprimées dont l'envoi a été fait à l'hôtel des monnaies de Metz » (21 frimaire an II - 11 décembre 1793) (5). C'est dire que le buste-reliquaire de saint Amon a eu le sort d'un grand nombre de joyaux d'orfèvrerie et d'émaillerie lorrains (6) : le vandalisme nous a privé d'un objet d'art extrêmement précieux. « Le maxillaire infé-

---

(1) Abbé GUILLAUME, *Notice sur l'abbaye de saint Mansuy de Toul*, dans *M. S. A. L.*, 1879, p. 39.

(2) *Reliques de saint Amon* dans les *Origines de l'église de Toul (Semaine religieuse, historique et littéraire de la Lorraine*, 1885, p. 579).

(3) C. EUBEL, *Hierarchica catholica medii ævi*, t. II (1901), p. 283.

(4) LEPAGE, *op. cit.*, p. 221. Il se trouvait dans la sacristie du Trésor (abbé MOREL, *op. cit.*, p. 41).

(5) LEPAGE, *op. cit.*, p. 225 : « le buste de saint Amon... 16 marcs ».

(6) Cf. R.-S. BOUR, *Un reliquaire émaillé du XIIIᵉ siècle de l'église de Saint Eucaire de Metz* dans *Annuaire de la Soc. d'hist. et d'arch. de la Lorraine*, t. XXXIV (1925), p. 186.

rieur de saint Amon, veulent bien nous dire MM. les abbés Clanché et Demange, se trouve aujourd'hui (1re chapelle, collatéral méridional) dans un petit reliquaire en bois noir avec application de cuivre (1). »   PIERRE MAROT.

1493 (n. st.), 10 mars.

Récit de la translation des reliques de saint Amon

Bibl. nat., ms. lat. 10.018, f° 241 v°.

Anno Domini millesimo quadringentesimo nonagesimo secundo parto vase argento auro et gemmis preciose variato in modum capitis mittra pontificali decorati, in xl^a dominica die qua cantabatur in ecclesia : *Oculi mei semper ad Dominum,* post primam expletam, circa horam octavam, campanis solenniter pulsatis et tedis ac luminaribus accensis, psallente choro anthiphonam : *Ave gemma sacerdotum Tullensis ecclesiae Amon gerens cor devotum etc.,* descense fuerunt reliquie corporis dicti sancti Amonis, secundi Tullensis episcopi, a loco eminenti quo jamdudum fuerant et erant super cathedras ministrorum, altaris collocate et, tabula sub corona deposita, per venerabilem dominum Johannem Roberti, decanum (2), os man-

______

(1) On lira une information contraire dans Mgr BOUANGE, *op. cit.*, p. 42 : « M. le curé de Villiers dans sa visite à Toul en 1879 a vu... dans l'ancienne cathédrale de Toul la mâchoire inférieure du saint évêque, conservée dans le magnifique reliquaire où elle fut enchâssée en 1511 *(sic).* » Nous pensons qu'il y a erreur.

Observons que la cathédrale de Toul n'est pas seule à posséder des reliques de saint Amon. En 1780 le chapitre donna des reliques du saint à la paroisse de Jaillon (communication de M. l'abbé Clanché). L'église de Saint-Gengoul de Toul conserve entre autres le cilice et une sandale de saint Amon (cf. abbé GUILLAUME, *Archéologie lorraine.* dans *J. S. A. L.,* 1863, pp. 211-215). Enfin la paroisse de Saulxerotte prétend conserver dans un buste-reliquaire de bois le chef de saint Amon (cf. abbé Eugène MARTIN, *Hist. de Toul,* t. I, p. 454) ; l'authenticité de cette relique est sujette à caution. M. l'abbé Demange a étudié toutes ces reliques dans un mémoire manuscrit conservé à l'église Saint-Gengoul de Toul que nous n'avons pas eu le loisir de consulter.

(2) Cf. Benoît PICART, *Hist. de Toul,* p. 163.

dibule subterioris unacum certis aliis reliquiis ejusdem
corporis in dicto vase cum debita veneratione translatum,
assistentibus unacum ecclesiasticis, justiciariis et civibus
utriusque sexus perplurimis, mox residuum dicti corporis cum vestibus sepulture ejus necnon cilicio simul reperto
sanctitatis ejus testimonium preferente in prefato loco
decenter reposita sunt. Et choro divina prosequente itum
est ad processionem per medium castrum et prefatum vas
seu ymago capitis cum reliquiis hujusmodi sancti Amonis
honorabiliter delatum et in reditu super sericem (?) tabule
majoris altaris elevatum. Deinde servicium cum majore
missa respondentibus organis magnifice expletum. Interea
vero puer unus dudennis pulpitrum quo diebus solen-
nibus legitur euvangelium juxta crucifixum ascenderat
qui etiam stalam parvorum organorum super collocato-
rum ascendens ex ipsa versus navem ecclesie coram altari
sancti Martini ad pedes sedecim altitudinis casu cecidit
indeque illesus et nichil mali sentiens quasi non cecidis-
set protinus abivit. In quo maximum miraculum et sanc-
titas prefati gloriosi confessoris ad effectum apparuit
dum ipsum puerum in die solennitatis hujus modi ad
minimum ledi non permisit sed et assistentes admira-
tione et gaudio inestimabili replevit.

Note additionnelle

Lorsque la lecture de cet article fut faite à la Société
d'archéologie lorraine, notre confrère, M. l'abbé Dedenon,
voulut bien formuler quelques observations sur les reliques
de saint Amon et rappeler l'article qu'il publia dans le
Bulletin paroissial de Favières-Saulxerotte en 1908, intitulé : *Étude sur la relique de Saint-Amon à Saulxerotte.*
Nous ne connaissions pas le mémoire de M. l'abbé Dedenon,
aussi ne l'avions-nous pas cité dans notre article.

Quoique notre dessein n'ait pas été de faire l'histoire des reliques de saint Amon, mais simplement de publier le récit inédit de la translation des reliques de ce saint et de le situer dans l'histoire de ces reliques, nous croyons néanmoins utile de signaler avec plus de détails que nous ne l'avions fait le chef de Saulxerotte attribué à saint Amon et conservé dans un buste-reliquaire de bois doré, d'autant plus qu'une sérieuse question d'authenticité se pose à son sujet, qui n'est pas étrangère à l'étude du maxillaire conservé à la cathédrale de Toul.

M. l'abbé Dedenon a fait l'histoire du prétendu chef de saint Amon conservé à Saulxerotte. Nous reproduisons avec sa permission l'essentiel de son récit :

« Le chef précieux que l'on vénère dans notre charmante église de Saulxerotte et que l'on croit être celui de saint Amon ne faisait point partie de cette distribution (distribution des reliques de saint Amon de la cathédrale de Toul en 1791). Il nous vient du reste de l'abbaye de Saint-Mansuy et non de la cathédrale.

« N'y aurait-il pas confusion et le chef, qui fut délivré à Saulxerotte comme étant celui de saint Amon, ne serait-il pas celui d'un autre saint, par exemple de saint Alchas ? certains l'ont pensé. Il semble que le doute serait enlevé, s'il était prouvé que le chef de saint Amon ne suivit point ses autres reliques et resta toujours la propriété de Saint-Mansuy, ce qui est possible, mais ce qui n'est pas prouvé. Le doute reste donc et le désir, si vif qu'il soit, de le dissiper, ne fait rien en cette affaire.

« Quoiqu'il en soit, la relique de Saulxerotte est bien celle qui lui a été octroyée et pour ceux qui la lui livrèrent, il n'y avait pas de doute, c'était bien le chef de saint Amon qu'ils pensaient accorder.

« Les archives paroissiales de Saulxerotte toujours existantes, nous apprennent qu'en 1793, par la gracieuse pro-

tection du sieur Prugneaux de Moutrot, procureur syndic
du district de Toul, il fut fait don à la commune de Saulxerotte du chef de saint Amon, renfermé dans un buste en
bois, déposé dans le trésor de l'abbaye Saint-Mansuy de
Toul. Le conseil s'étant empressé d'accepter, immédiatement le citoyen Jean Cassin, curé de Saulxerotte, assisté
de Nicolas Béry, maître d'École, et de Nicolas Alna partit
pour Toul, reçut la délivrance de la chasse vénérable avec
son contenu et s'en revint à Saulxerotte, escorté par les
gardes municipaux.

« C'était le 11 juin. Une députation des notables de Saulxerotte s'était portée au devant pour lui faire cortège.
« Étant venue jusqu'à Toul (je cite le procès-verbal inséré
« au registre de délibération) elle s'en revint accompagnant
« le saint *incognito* jusqu'à Colombey.

« De là les citoyens Béry et Simonet se sont rendus in-
« continent au dit lieu de Saulxerotte, pour avertir tous
« les citoyens du même lieu de cette heureuse arrivée, et,
« à l'instant, on s'est réuni à l'église paroissiale du même
« lieu, par le ministère du citoyen Husson, curé de Remo-
« ville, après quoy, l'on a parti processionnellement pour
« aller recevoir le précieux don sur les confins du finage.

« La procession étant arrivé au Paquis, dit Val-le-Prêtre,
« et un instant après, les saintes reliques arrivent que
« l'on a placé tout incontinent sous le dais. La procession
« continua sa marche pour le retour. Arrivée au dit lieu,
« elle fit le tour de toutes les rues et après avoir déposé le
« saint sur le maître-autel, l'on a remercié l'Être Suprême
« par le chant du *Te Deum*. Le lendemain 12 du même
« mois, l'on a célébré une fête solennelle à l'honneur de
« saint Amon, où il s'y est rassemblé une si grande
« influence (*sic*) de monde de deux sexes que l'on a été
« obligé « d'édiffier un autel au centre du village pour y
« célébrer les saints mystaires. La fête a été célébrée ainsi :

« à 10 h. procession dans toutes les rues, puis la messe
« célébrée par le citoyen curé, assisté du citoyen Hanil-
« lon, curé de Crépey, diacre, et du citoyen Loué, curé
« de Fecocourt, sous-diacre, où il y avait aussi acolytes
« et chantres, et à l'offertoire le sermon prononcé par le
« citoyen Husson, curé de Removille, qui a été applo-
« dit (*sic*) par tous les assistans. Les saintes reliques ont
« été ainsy exposées à la vénération du peuple jusqu'à
« l'heur de Vêpres et reconduites à l'Église, où étant
« arrivées l'on y a chanté « les vêpres avec la bénédic-
« tion. Pendant toutes les cérémonies stipulées au pré-
« sent, les gardes national (*sic*) du même lieu, ont été
« continuellement sous les armes, ainsi que les vete-
« rans avec les piques. Pour quoy, de tout il a été
« rédigé le présent procès-verbal. »

« Suit une délibération du même conseil municipal en
« date du 6 octobre 1793, exposant au citoyen évêque du
« département que les citoyens du dit Saulxerotte consi-
« derant saint Amon comme un second patron, et désirant
« l'honorer comme tel ils voudraient solemniser une fête
« patronale en son honneur le 23 du présent mois avec
« exposition et bénédiction le tout accompagné d'indul-
« gences. S'il est possible... Ils désirent aussi avoir une
« fête solennelle de la translation le 12 juin. »

« La petite population de Saulxerotte a toujours veillé
avec un soin jaloux sur le précieux dépôt gardé dans son
église. Nous savons qu'en 1858 comme l'autorité ecclésias-
tique voulait faire la confrontation des deux parties du
chef conservées l'une à Saulxerotte, l'autre à la cathédrale
de Toul, la population s'est fort émue à la pensée que ses
reliques pourraient bien ne pas lui être rendues et
s'opposa obstinément à ce que la relique sortît de son
église. Cette défiance injustifiée est peut-être la cause que
le doute pénible plane toujours sur la relique...»

Ainsi M. l'abbé Dedenon n'a pu que faire l'histoire de la relique de Saulxerotte sans rien affirmer de précis sur son authenticité. Pour déterminer l'authenticité du prétendu chef de saint Amon, la première idée qui vient à l'esprit, comme le fait remarquer M. l'abbé Dedenon, est de rapprocher le chef de Saulxerotte du maxillaire inférieur de Toul. Cette opération a déjà été faite, M. Dedenon ne le dit point.

Voici comment nous l'avons appris : nous savions que M. l'abbé Demange avait autrefois étudié les reliques de saint Amon. Il nous l'avait écrit et nous avait dit qu'un mémoire manuscrit, par lui rédigé sur ce sujet, était conservé au presbytère de Saint-Gengoul de Toul. Nous n'avions pas eu le loisir d'aller à Toul. Une circonstance a fait que nous avons pu nous y rendre récemment et que, grâce à la bienveillance de M. le curé de Saint-Gengoul, nous avons eu la satisfaction de consulter le mémoire de M. l'abbé Demange. Ce travail est fort consciencieux ; de nombreux documents y sont transcrits. Nous avons même constaté que M. l'abbé Demange avait connu la translation inédite que nous publions. Nous avons donc examiné la dissertation que notre savant confrère a faite sur le chef de Saulxerotte.

Nous y avons lu qu'en 1854 l'abbé Deblaye avait découvert deux authentiques dans le chef-reliquaire de Saulxerotte, l'un (le plus ancien) du xive ou du xve siècle était ainsi rédigé : « Caput sancti Alch. III. epi Tullen », l'autre, du xviiie siècle, portait : « Caput sancti Amonis Tullensis secundi ». Voilà qui est pour nous surprendre ! Le chef est-il de saint Alchas ou de saint Amon ? l'authentique des xive-xve siècles nous semblerait *a priori* plus digne de foi que celui du xviiie siècle. Malheureusement l'authentique des xive-xve siècles n'existe plus; personne n'a pu le retrouver après l'abbé Deblaye ; on n'en conserve plus que le calque. Ainsi les authentiques découverts dans la châsse de Saulxerotte ne sont pas pour faciliter l'identification du chef qu'elle contient.

La mâchoire inférieure qui à Toul est réputée de saint Amon appartient-elle au chef de Saulxerotte ? La tête de Saulxerotte n'a point de maxillaire inférieur. Le maxillaire de Toul a été apporté à Saulxerotte le 28 avril 1866 et rapproché du chef. Voici ce que dit le procès-verbal de cette opération : « On l'approcha (le maxillaire) du crâne en essayant de les faire coïncider. Mais on n'y put parvenir. Les deux cavités glénoïdes du crâne étaient plus distantes l'une de l'autre que les deux condyles du maxillaire inférieur, la différence était environ d'un demi-centimètre, ce qui amena les deux docteurs présents à déclarer que le crâne ne pouvait appartenir à un même sujet. »

Cette conclusion est ferme : ou bien le maxillaire est de saint Amon et le crâne n'est pas celui du second évêque de Toul, ou bien le crâne est du saint pontife et le maxillaire ne peut lui être attribué. Mais, nous l'avons vu, il y a beaucoup plus de raisons de croire le maxillaire authentique que le crâne. Nous laissons à d'autres le soin de disserter à ce sujet.

Nous n'avons parlé si longuement du chef de Saulxerotte que parce que M. l'abbé Dedenon et quelques-uns de nos confrères ont bien voulu s'intéresser à ce petit problème. Nous nous étions d'abord abstenu, parce que nous ne nous reconnaissions (comme nous le reconnaissons encore) aucune compétence sur ce sujet. Il serait souhaitable que M. l'abbé Demange publiât en la resserrant son étude si documentée sur les reliques de saint Amon (1),

P. M.

(1) M. l'abbé Demange a publié déjà deux études qui font partie du mémoire conservé à Saint-Gengoul : *La grotte et l'ermitage de saint Amon* dans le *B. S. A. L.* (1907, pp. 133-143) et *Notice sur Saulxerotte* dans le même recueil (1908, pp. 191-207).

Hymne à l'honneur de la Vierge au Pied d'argent

La pièce qui suit se trouve au Musée Britannique (Fonds Harley 4465, f° 312) parmi des notes et des copies de documents écrites de la main de Charles Maimbourg, chanoine de Toul, mort le 19 mars 1625.

Bien que la copie de cette hymne ne semble pas être de sa main, elle est écrite sur une feuille où il en avait déjà noté le titre, ce qui porte à croire qu'elle a été copiée à son intention.

Les nombreux documents de ce recueil copiés par Maimbourg et dont plusieurs se terminent par ces mots : *haec volante calamo scribebat Carolus Maimbourg*, font présumer qu'il les rassemblait dans l'intention d'écrire une histoire de l'église de Toul.

COPIE DE CE QUI EST ÉCRIT AU TABLEAU APPOSÉ
AU-DEVANT DE NOSTRE DAME AU PIED D'ARGENT EN L'ÉGLISE DE TOUL

A l'honneur de Dieu le createur, et de la glorieuse vierge Marie, en commemoration d'un miracle faict en son image jadis icy posée, de laquelle un des pieds fut faict d'argent en l'an mil deux centz quatre vinctz quatre. Onque en la vigille St Mathieu fut la cité de Toul délivrée de la surprinse et emblée des ennemys et iceux repoussez par l'advertissement d'une femme priante devant icelle image sur l'heure de minuict, et admonestée divinement de ce faire. Et pour tesmoignage et en signe de credence, ladicte image avancea le pied, dont luy es le nom de Nostre Dame au pied d'argent.

HYMNE

Si chacun dit, chante et loue
L'honneur du seigneur,
Et si chacun cet honneur
Sur lut et sur lyre joue,
N'en tourne la joue,
O viateur heretique !
Qu'icy est mis ce cantique

A l'image de Marie ;
Car Dieu, de tous seul adoré,
Veult en ses saincts estre honoré
Sans aucune ydolastrie.
Apprends donc (passant) à lire
Pourquoy et comment,
Et quel est nostre argument
De ce memorer et dire,
Puis sur vostre lyre
Toy mesme tu vouldras mettre
Et toucher quelque bon metre,
Qu'en l'image de Marie
Le seigneur fit par sa bonté,
En deslivrant ceste cité,
Le repos de la patrie.

Or fut jadis une image
Posée en ce lieu,
Qui de la mere de Dieu
Feit memoire et tesmoignage.
Une dame sage
Quelque jour faisoit priere
A genoulx sur ceste pierre,
Tant que ravie et troublée,
Elle entendit vers la minuyt
Dessus la muraille un grand bruict
La cité prendre d'emblée,

Et une voix feminine
Qui l'admonestoit
Que ja toute preste estoit
De la cité la ruyne.
O bonté divine !
Aux bourgeois crie et enseigne
Que ce pied leur soit enseigne
De le croire a dict Marie.
A ce crie le peuple poussé
A son ennemy repoussé
Et puny de sa furie,

Cesté voix fut ung oracle
Du hault ciel transmis,
Lequel a aussy permis
A l'image le signacle.
Ce parfaict miracle
Qui du grand Seigneur procede
Nostre humain esprit excede ;
Or doncq avec nous crie,
Passant, qu'à bon droict nous tendons
Ces autelz, et l'honneur rendons
A l'ymage de Marie.

K. T. BUTLER, Cambridge.

L'hiver de 1709 à Martincourt, d'après le curé Gaillé

« En cette année de 1709 les gelées ont commencé le 6 janvier et ont duré quinze jours d'une telle rigueur de froidure que l'on ne pouvait sortir du logis qu'en danger de mort. Des soldats étant en marche depuis Nancy jusqu'à Toul, d'un bataillon il ne restait que deux tiers, le reste était mort avec ses femmes et enfants par les chemins, d'autres avaient les pieds et les mains gelés. Les bestiaux mouraient dans les écuries, les mouches à miel ont été presque toutes perdues ; les arbres dans les forêts ont été fendus en deux, les arbres fruitiers presque tous perdus et il n'y en a pas resté un seul des gros. Tous les blés ont été gelés d'une telle sorte qu'il n'y en a point resté la dixme, presque dans tous les pays notamment en France, en Lorraine et en Bourgogne ce qui a porté famine pendant les mois de juin et juillet, qui (a obligé) la plus grande partie (des gens) à ne manger que du pain d'avoine, encore la moitié de leur suffisance. Les ecclésiastiques et la noblesse mangent un pain de blé avec orge et avoine ; il y a des pauvres qui ont été obligés de manger du pain de chenevis. Le printemps et l'été ont été pluvieux, ce qui a empêché de pouvoir voyager ni cultiver les terres et les vignes. Il n'y a point eu de vin l'an dernier 1708 ni encore rien en 1709. Mais il y a bien eu du marsage de la moisson dernière, notamment dans la Haye. Pendant l'année 1710, le blé après la semaille a valu 8 écus le rézal, la quarte du Pont à Mousson 6 écus 1/2; l'orge, 50 sols le bichet et l'avoine 2 francs le bichet. Les pois et les lentilles, un écu le bichet, le vin 5 ou 6 écus la hotte, en détail 20 sols et 24 sols le pot ce qui a duré jusqu'au mois de mars 1710. Depuis le mois d'avril 1710, le blé s'a vendu 3 écus et le plus beau 25 francs, l'orge 20 et le plus beau 25, l'avoine 15 sols et le vin 4 écus la hotte. Depuis la moisson, le blé s'a vendu 15 f. à 16 f. la quarte du Pont à Mousson, le bichet 15 sols et l'avoine 10 sols. »

« GAILLÉ,
Curé de Saint-Jean et de Martincourt. »

(Extrait des registres paroissiaux de Martincourt disparus pendant la guerre de 1914-1918.)

———◆———

BIBLIOGRAPHIE

— Notre confrère, M. André PHILIPPE, archiviste des Vosges, publie sur la série AA des Archives de la ville d'Épinal un volume in-4 à deux colonnes de VII-72 pages, Épinal, 1926, qu'on ne peut appeler un inventaire, car les 62 documents compris entre 1223 et 1624 y sont publiés in-extenso. Cette série AA contient les actes constitutifs de la commune, les chartes de privilèges, la correspondance avec les souverains; c'est dire son grand intérêt. En tête, une savante introduction; à la fin, un catalogue descriptif des 33 sceaux que possèdent les archives d'Épinal et dont une planche reproduit les plus beaux. L'inventaire des autres séries ayant paru précédemment, les Archives de la ville d'Épinal antérieures à la Révolution nous sont maintenant connues complètement.

— Dans la *Revue d'histoire littéraire de la France*, 1926, p. 595-597, M. Ch. SAMARAN établit que le poète lorrain, Jean de Schélandre, est né le 10 février 1584, non pas, comme on le croyait, à Soumazannes dont son père était seigneur, mais à Jametz dont ce même père était gouverneur pour le duc de Bouillon, prince de Sedan.

CHRONIQUE

Versements de membres perpétuels

Ont versé la somme de 200 francs dans les conditions indiquées à la délibération du 28 avril 1891 et sont, en conséquence, devenus membres perpétuels de la Société d'archéologie lorraine et du Musée historique lorrain :

LE COLLÈGE DE LA MALGRANGE, Jarville;

Mme A. ARTH, rue de Rigny;

MM. Pierre BARBEY, 3, rue Sainte-Catherine;

le docteur Paul BRETAGNE, 9, rue des Carmes;

l'abbé Émile CHATTON, curé-doyen de Bayon;

Émile DUVERNOY, archiviste départemental, 1, rue de la Monnaie;

GALILÉ, 87, rue Denfert-Rochereau, Paris, xive;

Alexandre GENY, entrepreneur, 53-59, rue Charles-Keller;

le marquis DE LAMBERTYE, Gerbéviller;

Henri LE HARIVEL DE GONNEVILLE, inspecteur d'assurances, Ville-sur-Illon (Vosges);

Paul MARICHAL, archiviste-paléographe, 11, rue de Paris, Sceaux (Seine);

Henri MICHAUT, sénateur de Meurthe-et-Moselle, 49, rue Hermite;

Paul NICOU, 10, rue de la Pépinière, Paris;

Léon THIRIET, docteur en pharmacie, 28, rue des Ponts;

la baronne Maurice DE THOMASSIN DE MONTBEL, 6, rue de Boudonville.

Monuments historiques

Par arrêtés du 30 décembre 1926, ont été classés parmi les monuments historiques : dans l'église de Ménillot (cant. Toulsud), La Vierge et l'Enfant, statue en pierre du xve siècle; dans la rue principale de Bicqueley (même canton), une ancienne cuve baptismale du xie siècle, servant de margelle de puits.

Par arrêté du 26 janvier 1927, ont été classés dans l'église de Vilcey-sur-Trey (cant. Thiaucourt) : la chaire à prêcher, les lambris du chœur, le maître-autel, les statues de la Vierge et de saint Nicolas, un reliquaire en bois sculpté époque Louis XIV.

Une circulaire de la Direction des Beaux-Arts, en date du 23 novembre 1926, invite les préfets à ne pas autoriser l'installation de lignes électriques avant d'avoir consulté l'architecte des monuments historiques, pour s'assurer si elles ne nuiront pas à un monument classé *(Recueil des Actes administratifs*, 1926, p. 378).

Fouilles

Un cimetière mérovingien vient d'être découvert le long de la voie ferrée de Nancy à Srasbourg, près de La Forge, commune d'Imling (cant. de Sarrebourg). On a retiré du sol des vases en bon état, des piques et des épées.

Programme provisoire du Congrès de la Fédération historique lorraine à Sarrebrück, 5-6 juin 1927

Dimanche 5 juin 1927

9 heures 30. — Séance générale. Constitution des sections (Section de l'histoire de la Lorraine; section des archives et de la conservation des monuments; section administrative, etc.).

11 heures 30. — Repas.

14 heures. — Visite des vieux quartiers de Sarrebrück (Schlossplatz, Ludwigskirche, Saar Museum), et de Saint-Arnual.

18 heures. — Séance des commissions et communications.

19 heures. — Banquet.

21 heures. — Conférences générales.

Lundi 6 juin 1927

8 heures. — Excursion vers Bliescastel et Hombourg.

12 heures. — Déjeuner.

14 heures 30. — Excursion à Sarrelouis. Visite d'un carreau de mine.

18 heures 30. — Séance des sections.

20 heures. — Dîner.

21 heures. — Conférences générales.

MUSÉE HISTORIQUE LORRAIN

Séance du Comité du Musée historique lorrain
du vendredi 12 novembre 1926

Présidence de M. Edmond DES ROBERT, président.

Sont présents MM. E. des Robert, Boyé, Bruneau, Chenut, Demeufve, Duvernoy, Gain, Germain de Maidy, Guyot, vicaire général Jérôme, Laprévote, Sadoul, Thouvenin, Wiener, puis le maréchal Lyautey ; sont excusés MM. Devit, maire de Nancy, vice-président né, et Charbonnier.

Le procès-verbal de la dernière séance est lu et adopté.

Sur la proposition de M. le Président, M. le maréchal Lyautey est élu membre du Comité du Musée. Quelques instants plus tard le Maréchal prend séance. M. le Président lui adresse quelques paroles de bienvenue et les membres du Comité lui sont présentés.

M. Edmond des Robert rend compte de la vie du Musée pendant la période qui s'est écoulée depuis la séance du Comité le 1er mai. Le Musée a reçu plusieurs illustres visiteurs parmi lesquels il convient de citer M. le maréchal Lyautey, S. G. Mgr l'archevêque de Llublin, M. Alexandre Millerand, ancien Président de la République. Une visite au Musée de S. M. le Sultan du Maroc, au mois de juillet, avait été aussi décidée et organisée. L'état de fatigue de S. M. à son arrivée à Nancy n'a pas permis de mettre ce projet à exécution.

Des membres de divers congrès, de très nombreux groupes d'élèves de l'enseignement primaire, secondaire et supérieur, public et privé — plus de cinquante groupes — ont été guidés par M. le Président ou par MM. les conservateurs à travers les salles du Musée.

Le nombre des entrées a été le suivant :

1926

Du 1er janvier au 1er juin . .	1.700 (à 1 franc).	1.700 fr.
Du 1er juin au 1er novembre	1.900 (à 2 francs)	3.800
TOTAL. . . .	3.600	5.500 fr.

L'élévation du droit d'entrée n'a donc-pas écarté les visiteurs. Quel que soit le chiffre total des entrées en 1926, la recette est d'ores et déjà supérieure de 1.200 francs à celle de 1925 (4.300 fr.).

La troisième édition du guide, illustrée, vient de paraître il y a quelques semaines. La couverture en couleurs reproduit en réduction l'affiche du Musée. Le guide ainsi rajeuni a reçu un accueil favorable de la presse et du public : près de 200 exemplaires ont déjà été vendus.

On a profité de cette édition pour tirer en format carte postale l'affiche du Musée. Le guide sera vendu 3 francs et la carte postale 0 fr. 25.

Un cadre de publicité ingénieusement combiné par M. Laprévote réunira l'affiche, réduite au quart environ, une vue de la Galerie des Cerfs et un appel aux visiteurs. Le tout placé sous verre vient d'être délivré gratuitement à un certain nombre d'hôtels, restaurants, salle de dépêches des journaux. Il y a lieu d'attendre un heureux effet de cette propagande dont les commerçants seront les premiers à tirer bénéfice. Un certain nombre de bulletins d'adhésion insérés dans le nouveau guide sont déjà revenues remplis par des visiteurs qui témoignent ainsi d'une façon effective leur sympathie à l'œuvre du Musée.

La question a été posée de savoir si la Société, malgré l'état précaire de ses finances, pourrait s'intéresser de nouveau aux fouilles faites dans la région.

M. le Président rend compte à ce sujet de la correspondance qu'il a entretenue avec M. Errard au sujet d'une enceinte à quadruple vallum des environs de Longuyon.

Les tapisseries du Banquet et celle d'Esther et d'Assuérus, endommagées pendant la dernière guerre, doivent être réparées aux frais de l'État par la Manufacture nationale des Gobelins. Il est donné lecture de la correspondance échangée à ce sujet avec M. le directeur des Beaux-Arts. M. le maréchal Lyautey offre gracieusement au Comité d'intervenir personnellement pour faire hâter cette restauration.

Une vitrine a été achetée pour recevoir les dons faits au Musée et les acquisitions récentes. Cette vitrine a été mise en place en face de la porte d'entrée dans la Galerie des Cerfs.

Les polices d'incendie, notoirement insuffisantes, seront prochainement revisées.

M. Wiener, mandataire, propose au Comité l'acquisition d'un relief en bois sculpté placé dans un cadre finement travaillé, du type dit de Bagard. Le relief représente une femme vue de profil, peut-être une religieuse. Le prix demandé pour cet objet qui est présenté à l'examen des membres est de 2.000 fr. La discussion est ouverte sur la possibitité de cet achat. M. Guyot fait remarquer que le crédit budgétaire annuel ouvert pour les acquisitions du Musée n'est que de 1.500 francs. Après un échange de vues, on demande à M. Wiener de s'informer du prix limite auquel serait disposé à descendre le possesseur de l'objet. La délibération sera reprise ensuite.

M. le Président donne la liste des dons reçus et des acquisitions faites par le Musée depuis le début de l'année 1926.

Outre ces dons, la Section II a reçu en dépôt de M. P. Villemin, président du Comité de Nancy de l'Alliance française, la médaille de vermeil qui a été décernée à l'Alliance française lors de l'Exposition de Nancy en 1909.

La Section I va recevoir un cippe et une sculpture d'époque gallo-romaine découverts à Cutry et qui lui sont envoyés par les soins de M. Pagny. On espère faire entrer à la Section III un certain nombre de faïences de Niederviller qui lui manquent.

M. le maréchal Lyautey fait ensuite une communication relative à l'édition récente d'un exemplaire unique en couleur, conservé à Vienne, de la pompe funèbre du duc Charles III (1608). Il présente l'album contenant quelques-unes des planches les plus curieuses, album qu'il a l'amabilité de mettre pour un mois à la disposition des membres du Comité du Musée. Le Comité décide de tenter d'acquérir cette magnifique publication, parue à Munich peu après la guerre, avec deux notices, l'une allemande, l'autre anglaise, dans la collection : Denkmäler des Theaters : Inszenierung, Dekoration, Kostüm des Theaters und der grossen Feste aller Zeiten. Nach Originalen der Theatersammlung der Nationalbibliothek, der Albertine und verwandter Sammlungen, Wien, herausgegeben von der Direktion der Nationalbibliothek mit Unterstützung der Gesellschaft zur Herausgabe der Denkmäler des Theaters. R. Piper und C⁰ Verlag, München. Vierte Mappe : *Pompe funèbre de S. A. R. Charles III, duc de Lorraine.*

L'auteur de la préface, Joseph Gregor, est un critique d'art et un spécialiste des choses du théâtre, qui a consacré toute la préface à l'étude des pompes funèbres depuis les temps reculés ; il semble surtout préoccupé de montrer ce que la pompe funèbre de Charles III a de théâtral.

Il y a une description assez complète de la pompe funèbre, sans intérêt pour nous. En revanche les renseignements sur les gravures en couleur, rejetés dans une note (1), sont assez maigres.

La pompe funèbre en couleurs est un monument merveilleux (2) de la miniature flamande (*ein unerhörtes Monument der Miniaturistik vlämischer Schule*). 79 des 80 planches de la pompe funèbre ont été collées sur des feuilles de papier, papier à la cuve (3), épais, de format 65×48 cm., puis entourées d'or et miniaturées..... Le plus étonnant, c'est la supériorité de la miniature sur la gravure, qui est tout à fait de second ordre.....

Sans le dire expressément, Joseph Gregor semble croire que la miniature a été exécutée très peu de temps après la gravure. L'ensemble des feuilles a été relié, une centaine d'années plus tard, en maroquin rouge, et a dû être un des joyaux du trésor de la couronne lorraine. C'est François de Lorraine, l'époux de Marie-Thérèse, qui l'a fait entrer dans la Bibliothèque impériale de Vienne, où il est resté oublié. En 1918, l'auteur l'y a retrouvé ; en 1920, il l'a fait connaître dans une exposition.

L'ordre du jour étant épuisé, la séance est levée à 16 h. 15.

(1) Page 11, note 14.
(2) *Incredible* en anglais.
(3) *Fait à la main* dans le texte anglais.

Pour la Commission de rédaction, le Président : E. des ROBERT.

L'imprimeur-gérant: A. Humblot, 21, rue Saint-Dizier, Nancy.

Bulletin mensuel

DE LA

SOCIÉTÉ D'ARCHÉOLOGIE LORRAINE

ET DU

MUSÉE HISTORIQUE LORRAIN

22e ANNÉE. — Nos 4-6. — AVRIL-JUIN 1927.

Procès-verbal de la séance du vendredi 11 mars 1927

Présidence de M. Edmond DES ROBERT, président.

Le procès-verbal de la dernière séance est lu et adopté.

Communications

M. Robert Parisot, président de la Fédération historique lorraine, communique le programme provisoire du Congrès que tiendra cette Fédération, les 5 et 6 juin, à Sarrebrück.

M. Edmond des Robert rend compte des deux dernières séances du Comité du Musée.

M. le Président s'est mis en rapport avec le duc de Trévise, président de la Sauvegarde de l'art français, qui a demandé une notice sur le Musée lorrain. L'expédition des tapisseries à réparer aura lieu incessamment.

Un squelette a été découvert à Xirocourt, accompagné de quelques objets qui ont été promis au Musée lorrain. On étudiera la possibilité d'effectuer des fouilles, qui pourraient être productives.

Le bureau de la Société a décidé de rétablir l'envoi, aux nouveaux membres, d'une lettre d'admission. En raison de la date de Pâques, la Société pourra cette année tenir une séance en avril, le vendredi 8.

Admissions

Sont admis comme membres titulaires de la Société : Mme la baronne DE THOMASSIN DE MONTBEL ; MM. Georges BASTIEN, Paul CROCTAINE, René WORMS.

Présentations

Sont présentés en la même qualité :

MM. Raymond **Barthelémy**, instituteur à Landres, par MM. Edmond des Robert, Charles Bruneau et André Gain ; Charles **Étienne**, marbrier, 44, rue du Faubourg-Stanislas, par les mêmes ; le docteur Charles **Garnier**, 68, rue Stanislas, par MM. Charles Sadoul, André Gain et Edmond des Robert ; **Hoffmann**, instituteur à Bouxières-sous-Froidmont, par Pont-à-Mousson, par MM. Charles Sadoul, Élie et Dory ; Jean **Lacoste**, administrateur-directeur de la Société « Pompes Noël », usines de La Flie, à Liverdun, par MM. Edmond des Robert, Charles Bruneau et André Gain ; J. **Lévy**, à la Tricoterie de Chaligny, par les mêmes ; L. **Lumereaux**, ingénieur, 9, rue de la Ravinelle, par MM. Charles Sadoul, le comte Antoine de Mahuet et Edmond des Robert ; **Noël**, adjoint au maire, 80, rue Isabey, par les mêmes.

Ouvrages offerts à la Société

La réunion de la Lorraine à la France, par le maréchal LYAUTEY. Paris, Plon, 1926, in-16, 50 p.

A propos d'un ouvrage récent sur la Bienheureuse Marguerite de Lorraine. Les armoiries de la maison de

Lorraine, par Edmond DES ROBERT. Nancy, Berger-Levrault, 1927, in-8°, 14 p.

Inscriptions portières et sentences domestiques, par Émile DIDERRICH, s. l. n. d., 16 p.

Catalogue des taques de cheminée du Musée de Metz, par Émile CHENET. Metz, Les Arts graphiques, in-4°, 66 p., illustré.

La réunion de Metz à la France (1552-1648), 2ᵉ partie. *La protection*, par Gaston ZELLER. Paris, Les Belles-Lettres, 1926, in-8°, 402 p.

Rapport de la Commission des finances pour 1926

Ce rapport est lu par M. Ch. Guyot. Il établit notamment que le nombre des membres titulaires de la Société a passé en 1926 de 443 à 482 (+ 39), celui des membres perpétuels a monté de 76 à 116 (+ 40). Le nombre des membres vivants était, au 1ᵉʳ janvier 1927, de 571. La Société vote le maintien à 200 francs du versement unique des membres perpétuels.

Lectures

M. André GAIN lit une note intitulée : *Départ d'émigrants lorrains en 1770.*

M. Charles Sadoul signale qu'en 1918 des soldats français auraient savouré, dans le sud de la Hongrie, d'excellente quiche dont les colonies lorraines ont conservé la recette.

M. Edmond DES ROBERT donne lecture d'une communication intitulée : *A propos de la taque aux armes de Sébastien de Tynner.*

M. Edmond des Robert commence à lire une étude de M. l'abbé CLANCHÉ sur *La quête et confrérie de Saint-Gérard pour l'achèvement de la cathédrale de Toul.*

Procès-verbal de la séance du vendredi 8 avril 1927

Présidence de M. Edmond DES ROBERT, président.

Le procès-verbal de la dernière séance est lu et adopté.

M. le commandant THOUVENIN est excusé.

Communications

MM. Besnard, H. Boucher, Colin, Croctaine, L. Thiriet, Trimbach, Trotabas, le prince de Beauvau ont adressé des lettres de remerciement à l'occasion de leur admission.

M. le Président a remis lui-même à la manufacture des Gobelins les tapisseries à réparer; il a rapporté de Paris une tabatière léguée au Musée lorrain.

La Commission des fouilles, par l'intermédiaire de M. Salin, a effectué le 4 avril un sondage dans la sépulture découverte à Bralleville. Deux tombes barbares de la fin du ve ou du début du vi^e siècle ont été fouillées et ont permis de découvrir quelques objets.

M. Schiff, conservateur du Musée de peinture de la ville de Nancy, a transmis au Musée lorrain, à titre de dépôt, un portrait de Christine de Lorraine et un cuivre (héliogravure) de la tentation de saint Antoine, par Callot.

Le bureau de la Société d'archéologie a assisté à l'inauguration le 3 avril, au Tribunal de commerce, de la plaque située sur l'emplacement de la maison de Jacques Callot. M. H. Mengin a bien voulu, en cette occasion, prononcer au sujet du Musée lorrain et de son avenir, les paroles les plus judicieuses.

M. Robert Parisot, président de la Fédération historique lorraine, a transmis des renseignements sur le Congrès de la Pentecôte à Sarrebrück et demandé à la Société d'archéologie de régler sa cotisation à la Fédération.

Nécrologie

Il est fait part du décès de M. Bruwaert, ancien ministre plénipotentiaire, ancien consul général de France à New-York, mort à Lausanne. M. Bruwaert, qui avait pris sa retraite en 1907, avait été un des fondateurs de l'Académie d'entr'aide sociale. Il avait consacré à Callot deux ouvrages, l'un sorti des presses de l'Imprimerie nationale en 1912, l'autre paru chez Laurens l'année suivante dans la collection « Les grands artistes ».

Admissions

MM. Raymond Barthelémy, Charles Étienne, le docteur Charles Garnier, Hoffmann, Jean Lacoste, J. Lévy, L. Lumèreaux, Noel, sont admis comme membres titulaires de la Société.

Présentations

Sont présentés en la même qualité :

Mme Victor **Berger**, 13, rue Saint-Georges, par MM. Edmond des Robert, Charles Bruneau et André Gain ; Mgr **de La Celle,** évêque de Nancy et de Toul; par Mgr Ruch, évêque de Strasbourg, MM. le vicaire général Jérôme et Edmond des Robert ; MM. **Aliez,** trésorier payeur général, 11, place des Dames, par MM. Edmond des Robert, Charles Bruneau et André Gain ; Henri **Carpe,** 85, Grande-Rue, par MM. Edmond des Robert, G. Demeufve et Charles Sadoul ; Lucien **Laissy,** capitaine de cavalerie, 14, rue des Bégonias, par MM. Édouard Germain, Léon Germain de Maidy et Albert Colombier ; le docteur Émile **Loth,** 16, rue du Faubourg-Stanislas, par MM. Edmond des Robert, Charles Bruneau et André Gain ; le docteur Pierre **Mathieu,** professeur à la Faculté de médecine de Nancy, détaché au Gouvernement général de l'Algérie, Alger, par les mêmes ; Adrien **Michaut,** 25, rue du Parc, Bac-

carat, par les mêmes ; René **Munier**, 10, rue des Domini-
cains, par les mêmes ; André **Ninck**, ingénieur en chef
des Ponts et Chaussées, 20, avenue Boffrand, par les mêmes.

Ouvrages offerts à la Société

César Battisti et la fin de l'Autriche, par J. Hazon de
Saint-Firmin (Jane d'Hazon). Paris, éditions de l'Ame
gauloise, 1927, in-8º, x-320 p., un portrait.

*Nicolas de Hault, maire de Troyes (1588-1592), ses
origines, sa parenté, sa descendance,* par Henri de La
Perrière. Troyes, Gris, 1927, in-8º, 116 p.

*Un savant champenois, Jamerey du Val, bienfaiteur
de son village et de sa famille,* par le même. Troyes,
Paton, 1926, in-8º, 19 p.

Montaigne à Plombières, par le chanoine Fiel, éditions
du *Pays lorrain,* 1927, 16 p., in-8º, illustré.

Dom Remi Ceillier, O. S. B. (1688-1761), par Dom
Ursmer Berlière, 5 p., in-8º, un portrait. (Extrait de la
Revue liturgique et monastique, t. XII, 1927, p. 157-161.)

*Kunst und Kulturgeschichtliche Notizen anlässlich der
1926 in der Dalheimer Pfarrkirche blossgelegten Fres-
ken von J.-G. Weiser,* par Émil Diderrich, Bad-Mondorf,
1926, 28 p.

*Procès-verbaux des séances de la Société populaire de
Val-aux-Mines (ci-devant Sainte-Marie-aux-Mines-Mar-
kirch).* Saint-Dié, Cuny, 1904, 144 p. (Extrait du *Bulletin
de la Société Philomatique Vosgienne,* 1904-05.) Don de
M. Trimbach.

*Plaidoirie de Me Paul-Boncour pour le comte de Civry.
Demande d'exequatur* (succession de S. A. R. le duc de
Brunswick, Charles II, audiences du tribunal civil de la
Seine, Paris, 24 juin, 1er juillet 1925). Paris, Maillet, 1927,
in-8º, 90 p.

Une visite au Palais Ducal de Nancy (1926), par Hip-

polyte Roy, discours de réception à l'Académie de Stanislas. Nancy, Berger-Levrault, 1926, in-8°. (Extrait des
Mém. de l'Acad. de Stanislas, 1925-26.) Du même auteur :
Texte d'une conférence à Sarreguemines sur le même
sujet.

Lectures

M. Edmond des Robert termine la lecture de la communication de M. l'abbé CLANCHÉ sur *La quête et confrérie
de Saint-Gérard pour l'achèvement de la cathédrale de
Toul*.

M. HOTTENGER commence la lecture d'un travail sur *Les
salines de la Meurthe pendant la Terreur*.

Procès-verbal de la séance du vendredi 13 mai 1927

Présidence de M. Edmond DES ROBERT, président.

Le procès-verbal de la dernière séance est lu et adopté.

Communications

M. Guyot et le commandant Thouvenin sont excusés.

Les membres de la Société sont invités à assister à la
séance publique annuelle de l'Académie de Stanislas qui
aura lieu jeudi 19 mai.

M. Robert Parisot, président de la Fédération historique lorraine, communique les renseignements qu'il a
reçus sur le programme du congrès de Sarrebrück.

M. Harmand signale la prochaine démolition du château de Sampigny, gravement endommagé pendant la
guerre. Il y a là des morceaux de sculpture intéressants
qu'on pourrait peut-être obtenir pour le Musée lorrain.

M. Mirman, préfet de guerre de Nancy, offre au Musée
lorrain une caisse de correspondance avec les donateurs
américains, bienfaiteurs de Meurthe-et-Moselle (jan-

vier 1915-fin 1918) ; il annonce qu'il réserve au Musée la totalité de ses archives de guerre.

Mme la comtesse de Landrian du Montet a fait don au Musée d'un magnifique vase offert par l'empereur Joseph II au maréchal de Lascy, défenseur de la Bohême.

M. O.-N.-F. Chenot, rentier, décédé à Malzéville le 6 avril dernier, a légué au Musée lorrain une somme de 5.000 francs, une armoire lorraine et deux autres objets.

M. le chanoine Fiel et Mgr Ercole ont fait don de divers souvenirs du cardinal Mathieu (calotte cardinalice, dossier relatif à son élévation au cardinalat).

Le docteur Collin et M. Lumereaux ont adressé des remerciements à l'occasion de leur admission comme membres de la Société.

Nécrologie

Il est fait part du décès de M. E. Nahan, administrateur des aciéries de Micheville, mort à Villerupt le 9 mai 1927.

Admissions

Sont admis comme membres titulaires de la Société : Mme Victor BERGER, Mgr DE LA CELLE, MM. ALLIEZ, Henri CARPE, Lucien LAISSY, le docteur Émile LOTH, le docteur Pierre MATHIEU, Adrien MICHAUT, René MUNIER, André NINCK.

Présentations

Sont présentés en la même qualité :

Mme la comtesse **de Landrian du Montet**, 17, rue Bailly, par Mme la comtesse de Bucy, MM. Marcel Maure et Edmond des Robert ; Mlle Marie-Madeleine **Gauthier**, 20, place Carnot, par MM. Plauche-Gillon, Charles Bruneau et Edmond des Robert ; Mlle **Pariset**, professeur de peinture, 58, rue Saint-Julien, par MM. Émile Duvernoy, Edmond des Robert et Charles Sadoul ; M. le docteur

Chabeaux, 31, rue Jeanne-d'Arc, par MM. Edmond des Robert, Charles Bruneau et André Gain ; M. Charles **Didion,** ancien notaire, rue de Serre, par MM. Hottenger, Edmond des Robert et Charles Sadoul ; M. le docteur **Roussel,** 109, rue Saint-Georges, par MM. Edmond des Robert, Charles Bruneau et André Gain.

Ouvrages offerts à la Société

Enquête linguistique sur les patois d'Ardenne, par Charles Bruneau. Paris, Champion, 2 vol. in-8°, t. I (1914), A-L, 538 pages, t. II (1926), M-Y, 716 pages.

Solimariaca, Solicia, Soulosse, par le même [10 p.]. Extrait des *Mélanges,* p. 64-70, Nancy, 1925.

Congrès archéologique de France, 88e session, tenue à Blois, en 1925, par la Société française d'archéologie. Paris, Picard, 1926, in-8°, 592-lxiii p.

La branche des Failly du Hainaut, par Louis Bossu. Paris, Picard, 1927, in-8°, 24 p.

Les Lorrains en Corse. La colonie des Porettes, par le même. Paris, Picard, 1927, in-8°, 20 p. (Extrait de l'*Annuaire de la Société d'histoire et d'archéologie lorraine,* à Metz.)

L'ermitage de Notre-Dame de Bellefontaine, à Bourmont, par le même. In-4°, 7 p.

L'hermitage de Saint-Joseph à Harréville, par le même. Paris, Picard, 1927, in-8°, 10 p. (Extrait de la *Revue de Champagne et de Brie,* 1er trimestre, 1927.)

L'œuvre de la coopérative de reconstruction des églises du diocèse de Nancy et de Toul. Nancy, Vagner, 1927, 39 p.

Union des coopératives de reconstruction de Meurthe-et-Moselle. Sommaire de l'Assemblée générale du 22 mars 1927, deux fascicules de 16 p. in-8° et 12 in-4°.

Granges, le pays vosgien et ses habitants, par C.-J. Petitjean, H.-B.-D. Petitjean et Georges Petitjean,

7 fascicules : 1908, 1909 (2 fasc.), 1910 (2 fasc.), 1911, 1920, 220 p., in-8° illustré.

Lecture

M. HOTTENGER termine la lecture de son travail sur *Les salines de la Meurthe pendant la Terreur*.

RAPPORT PRÉSENTÉ AU NOM DE LA COMMISSION DES FINANCES
POUR L'EXERCICE 1926.

MESSIEURS,

J'ai l'honneur de vous présenter, au nom de votre Commission des finances, la situation résultant des comptes de M. le commandant Thouvenin, votre trésorier, qu'elle a examinés dans sa séance du 28 février et dont elle a approuvé les résultats.

Nous avons la satisfaction de signaler, aux recettes de la Société, une augmentation considérable du produit des cotisations : 5.140 francs au lieu de 4.642 francs en 1925. C'est, en partie, la conséquence de l'élévation du taux de la cotisation, qui a été portée de 10 à 15 francs, mais c'est surtout l'effet du recrutement de nombreux adhérents, provoqué par une propagande active dont votre Bureau a pris l'heureuse initiative. Tandis que, à la fin de 1925, nous ne comptions que 443 membres devant payer la cotisation de 10 francs, actuellement le nombre des membres ordinaires s'élève à 482, dont 427 ont versé 10 francs et 55 seulement se sont libérés au taux nouvellement établi de 15 francs. Nous signalons ensuite les versements de 40 nouveaux membres perpétuels qui nous ont procuré un accroissement du capital de 8.000 francs. Aujourd'hui, nous comptons 116 de ces membres perpétuels, dont 27 sont décédés. Au total, 571 membres vivants, ordinaires et perpétuels.

Au sujet des membres perpétuels, il importe de remarquer qu'au moment où la cotisation des membres ordinaires était portée de 10 à 15 francs, aucune augmentation n'a été prévue pour le versement des membres perpétuels. Votre Commission vous demande s'il ne convient pas de décider que ce versement sera porté de 200 à 250 francs ?

Aux dépenses, la publication du volume des *Mémoires* a coûté plus de 12.000 francs, dont un petit acompte de 1.600 fr. avait été versé précédemment ; le surplus a dû être entièrement soldé en 1926.

Quelle que soit la décision à prendre pour le volume suivant des *Mémoires*, qu'il soit biennal ou triennal, il doit être entendu qu'on ne devra composer, chaque année, que le nombre de feuilles correspondant aux crédits qui peuvent être alloués sur cet article, soit 5.000 francs pour 1927, illustrations comprises. Mêmes observations pour le *Bulletin*, dont les frais sont en voie d'augmentation continuelle, et dont la dépense en 1927 ne devra pas dépasser 2.800 francs, soit 700 francs par trimestre.

Au Musée nous constatons une augmentation du produit des entrées : 5.500 francs au lieu de 4.300 en 1925. Mais cette augmentation provient du dédoublement du prix demandé à chaque visiteur, en vertu d'une décision dont les effets ne se feront pleinement sentir que sur l'exercice suivant. Malheureusement le nombre des visiteurs n'a pas augmenté ; il est, depuis plusieurs années, en voie de diminution constante, sans que nous puissions nous rendre compte du motif de ce fléchissement. Il conviendra de faire, dans la presse, dans les hôtels, dans les gares, une publicité active, pour que les étrangers nous reviennent aussi nombreux qu'autrefois. Une autre augmentation de recettes provient de la vente des cartes postales et du *Guide*, dont la réimpression a pu être faite, d'une manière satisfaisante, conformément aux prévisions.

Les crédits prévus pour « Entretien et frais divers » ont été considérablement dépassés. C'est principalement la conséquence de mesures prises en cours d'exercice pour l'établissement des vitrines destinées à protéger les objets les plus précieux de nos collections, ainsi que des réparations urgentes aux tapisseries qui nous appartiennent. Il en résulte qu'il n'a pu être affecté aux acquisitions du Musée qu'une somme minime d'environ : 1.500 francs. Nous rappelons que la question de l'assurance contre l'incendie et le vol, soulevée dans le précédent rapport, n'a pas été résolue ; le crédit beaucoup trop insuffisant prévu pour cet objet a été maintenu sans changement, en attendant que nous puissions obtenir de la Ville une participation qui nous permette de majorer comme il convient l'estimation de notre police d'assurances.

Telles sont les observations essentielles que suggère à la Commission les comptes de 1926, pour lesquels elle vous propose de voter à M. le commandant Thouvenin les remerciements qui lui sont dus à cause du zèle qu'il apporte à l'exercice de ses fonctions.

Signé : Cʜ. GUYOT.

Pour copie conforme, le Président.

AVIS IMPORTANTS

MM. les membres de la Société qui n'ont point encore réglé leur cotisation pour 1927, sont priés d'en faire parvenir le montant (15 fr.) à M. le trésorier, C. C. P. Nancy 43.02.

Les membres qui désireraient recevoir un avis personnel des excursions organisées par la Société, sont invités à donner leur nom à M. André Gain, secrétaire, 1, place de la Commanderie.

MÉMOIRES

Les Gascons d'Armagnac au secours du duc René

« Encore vient Colinet de la Croix que avecque luy admena les Citains, de St-Amadour, le grand Michault, le grand Bertrand et plusieurs aultres. Item encore vient Ménal de Guerre... et plusieurs aultres gascons (1). »

(1) *Chronique de Lorraine*, p. 162. — Les d'Aguerre sont trop connus pour que nous en parlions ; ce n'étaient pas d'ailleurs des Gascons, ni leurs hommes, mais bien des Basques et Béarnais.

C'est en ces termes plutôt concis que la Chronique de Lorraine mentionne « les secours venus des villes d'Alemaigne à duc René », car le secours des Gascons n'est même pas mentionné dans l'en-tête du chapitre.

Quel est ce Colinet de La Croix ? Quel est ce grand Bertrand ? Les commentaires de Lepage n'en disent rien, si ce n'est que le grand Bertrand fut plus tard gentilhomme de l'hôtel de René. Quant à Colinet de La Croix, ils indiquent seulement que c'était « un capitaine aventurier et non un bourgeois de la Croix-aux-Mines (1), comme on l'avait cru ». Et c'est tout (2).

Plus loin Bernardin de Monclar est désigné comme « simple aventurier », sans même l'indication de son pays d'origine (3).

Nous allons préciser pour chacun d'eux ce que nous avons pu découvrir, et établir que ces aventuriers étaient de bons gentilshommes français et des capitaines de soldoyeurs venus au secours du duc René.

Le grand Bertrand d'abord, sur qui nous avons pu retrouver des renseignements complets et dont les descendants ont vécu en Lorraine et en Barrois pendant un siècle et plus.

Personne n'ignore quel profond mépris professait le xve siècle pour l'orthographe des noms de lieux ou de famille. Le grand Bertrand, l'anonyme de la Chronique de Lorraine, est désigné sous les noms les plus variés dans les comptes des receveurs généraux des duchés : Bertrand de Gaux, Bertrand de Gauly, Bertrand de Gaullin (4). D'autres documents que nous étudierons le nomment plus exactement Bertrand de Jalin.

(1) La Croix-aux-Mines, aujourd'hui commune des Vosges, arr. Saint-Dié, cant. Fraize.
(2) LEPAGE, *Commentaires sur la Chronique de Lorraine*, p. 77-78-79.
(3) *Ibidem*, 81.
(4) *Ibidem*, 82.

Mais son véritable nom est Bertrand de Jaulin. C'était un cadet de Gascogne issu d'une vieille famille d'Armagnac dont l'origine se perd dans la nuit des temps et qui porte « *de gueules, au lion rampant d'argent* ». Supports : *deux aigles de sable* (1).

Il remontait authentiquement à Gérard de Jaulin, écuyer, seigneur du Jaulin (2) en 1282 et en 1300. Le Jaulin, ancien château aujourd'hui transformé en maison campagnarde, fut détruit partiellement au cours des guerres de religion ; ses murailles de quatre mètres d'épaisseur en ont toutefois préservé la plus grande partie ; il est encore entouré de fossés et le pont-levis est remplacé par un pont de pierre.

Gérard de Jaulin eut deux fils : l'aîné Béziau de Jaulin fut le chef de la branche aînée, dite des seigneurs du Jaulin, aujourd'hui éteinte ; le cadet fut Guilhem-Arnaud de Jaulin qui comparaît à un hommage rendu au comte d'Armagnac par les deux frères en l'an 1318 pour la terre indivise du Jaulin (3).

Guilhem-Arnaud eut un fils, Bertrand I de Jaulin, écuyer, seigneur de Sos (4) ; il épousa en 1377 damoiselle Séguine de Verduzan (5), d'une très noble famille de l'Armagnac, qui lui apporta en dot les terre et château de Gajan (6), situés à un quart de lieue du Jaulin ; il prit le

(1) La branche aînée portait : *parti d'or et de gueules.*

(2) Aujourd'hui commune de Lagraulet, cant. Montréal, arr. Condom, Gers. — Les propriétaires actuels descendent par les femmes des anciens Jaulin.

(3) *Archives de la maison de Jaulin.* C'est de là que nous avons tiré tous les renseignements, jusqu'à celui qui fut le grand Bertrand.

(4) Sos, commune actuelle du canton de Mezin, arr. Nérac, Lot-et-Garonne.

(5) Verduzan : *d'azur, à deux besans d'argent, rangés en pal.* (Armagnac).

(6) Aujourd'hui château de la commune de Lannepax, cant. Eauze, arr. Condom. Ce château, sis à deux lieues et demie du Jaulin, est encore fort bien conservé avec sa haute tour intacte ; c'est le type des vieux châteaux de l'Armagnac à l'architecture fruste et rustique.

titre de la seigneurie et le transmit, avec le château patrimonial, à ses descendants qui jouirent de l'un et de l'autre jusqu'à la chute de l'ancien régime.

Puis vint son fils, Bertrand II, écuyer, seigneur de Gajan, dont l'alliance nous est inconnue.

Celui-ci eut plusieurs enfants parmi lesquels Jehan et Gaillardine.

Celle-ci épousa Bernardin de Monclar, comme nous le verrons.

Quant à Jehan de Jaulin, écuyer, seigneur de Gajan, il se marie avant 1445, à damoiselle Jehanne de Mont (1), dame de Lartigue, dont le château (2) s'élevait à une demi-lieue de Gajan. — On se mariait entre voisins à cette époque. — Jehan mourut après 1471, ainsi que sa femme.

De leur mariage naquirent deux fils, l'aîné, Jehan, vers 1445, le cadet, Bertrand, troisième du nom, celui qui nous intéresse, en 1451 (3).

Tous les châteaux de la famille, le Jaulin, Gajan, Verduzan, Lartigue, étaient très rapprochés et le plus éloigné des autres n'était qu'à deux lieues à peine. Aussi tous ces cousins et cousines, les Jaulin, les Verduzan, les Mont voisinaient et cousinaient à qui mieux mieux, ainsi qu'avec les La Cassagne (4), parents des Verduzan, dont le château (5) s'élevait à peu près à mi-chemin du Jaulin à Gajan, sur le ruisseau du Grésillon. Le chef de la famille était Sans de La Cassagne, seigneur de La Cassagne, époux

(1) Mont : *d'azur, à trois monts d'or* (Armagnac). Cette famille remontait à Édouard, damoiseau et seigneur de Lartigues en 1319.

(2) Lartigues, aujourd'hui commune de Lannepax, comme Gajan.

(3) Il est indiqué en 1507 dans un document officiel comme âgé de 56 ans, comme nous le verrons.

(4) La Cassagne (ou Cassagnet) : *d'azur, à la bande d'or* (Armagnac). Ils étaient seigneurs de La Cassagne dès avant 1400.

(5) La Cassagne, actuellement commune de Gondrin, cant. Eauze.

de Bourguine de Verduzan et père de nombreux enfants.
Ce fut entre ces familles de gentilshommes une intimité
de chaque jour et lorsque belles filles et vigoureux
garçons furent arrivés à l'adolescence, les idylles s'ébauchèrent bien vite.

Jehan de Jaulin, l'aîné des seigneurs de Gajan, épousa,
en justes noces, l'aînée de ses cousines, Marguerite de La
Cassagne. Quant au cadet, le grand Bertrand, il ne résista
pas davantage aux charmes de la cadette, la gente et jolie
Bézète de La Cassagne, et la damoiselle ne sut de son côté
rien refuser à son beau cousin et lui donna même généreusement deux petits bâtards, un fils, Bernard de Jaulin,
dont on fit plus tard un prêtre et pour qui le grand
Bertrand avait tant d'affection que quarante ans plus
tard, à la veille de sa mort, il lui faisait encore une donation, et une fille Marie qui vécut en célibat à Gajan.

Il fallait réparer ; mais Bertrand, on ne sait pourquoi,
se fit tirer l'oreille et refusa d'imiter son aîné. En fin
matois et en Gascon pratique, il préféra jeter la pauvre
Bézète et ses charmes déjà défraîchis dans les bras d'un
de ses excellents amis, le bon Vital de Faulet (1), écuyer,
qui l'épousa bien et dûment devant le notaire et le curé
de Gondrin (2) et en eut beaucoup d'enfants.

Après avoir liquidé cette situation plutôt épineuse et
s'être rendu libre de sa personne et de ses actes, Bertrand
de Jaulin qui, en vrai cadet de Gascogne, ne possédait
guère que son blason, sa cape et son épée, se fit souldoyeur, non sans avoir confié l'administration de son
petit apanage de cadet, à sa belle-sœur Marguerite de La
Cassagne, qui s'en chargea sans nulle rancune ainsi que de
ses deux bâtards. Et là-dessus, il s'éloigna à la recherche

(1) Faulet : armes inconnues.
(2) Gondrin, aujourd'hui commune du canton d'Eauze.

de la fortune, quittant Gajan et l'Armagnac qu'il ne devait revoir que quarante ans plus tard.

Il se mit sous les ordres d'un fameux capitaine de routes, son compatriote et son voisin, messire Nicolas de La Croix, dit Colinet, écuyer, originaire de la Lomagne, à quelques lieues de Gajan, et appartenant à l'illustre famille de La Croix de Castries (1), fieffée dans la vicomté de Lomagne (2).

Bertrand guerroya avec Colinet pendant huit ou dix ans et fit consciencieusement son métier d'homme d'armes. Il avait environ trente-cinq ans lorsque Colinet traita avec le duc René II pour la défense de ses duchés de Lorraine et de Bar contre le duc de Bourgogne, Charles le Téméraire. Et en effet, vers la fin de 1475, Colinet arriva en Lorraine avec ses Gascons, commandés sous ses ordres par Bertrand de Jaulin et Bernardin de Monclar (3), écuyers. Ce dernier, plus âgé que Bertrand, était l'oncle de celui-ci, ayant épousé sa tante paternelle, damoiselle Gaillardine de Jaulin ; leurs compagnies n'étaient composées que de Gascons de la Lomagne et de l'Armagnac.

Avec eux se trouvaient divers capitaines de toutes sortes de nationalités : des Manceaux comme Jean de Saint-Amadour (4), d'autres, d'origine inconnue comme le grand Michault et les frères Jean et Antoine de

(1) La Croix de Castries : *d'azur, à la croix d'or* (Lomagne). Vieille famille devenue très considérable dans la suite.

(2) La vicomté de Lomagne, petite province de Gascogne, voisine de l'Armagnac, chef-lieu : Vic-de-Lomagne. L'Armagnac avait pour chef-lieu Lectoure.

(3) Monclar : *de gueules, à une montagne d'argent, surmontée d'une étoile de même* (Armagnac).

(4) Saint-Amadour: *de gueules, à trois têtes de loups coupées d'argent* (Maine). Le château de Saint-Amadour est dans la commune de La Selle-Craonnaise, cant. Craon, arr. Château-Gontier, Mayenne.

Citain (1), puis des Brabançons, des Hollandais, des Italiens, tous soldats de fortune, souldoyeurs à la solde de René.

Colinet de La Croix fut chargé avec le bâtard de Calabre (2) de la défense de Nancy ; il détacha une quarantaine de Gascons à Charmes (3) ; le reste demeura avec lui. Mais le 10 octobre, les 40 Gascons de Charmes étaient pendus.

Le 25 octobre 1475, le duc Charles commençait le siège de Nancy. La garnison et les bourgeois se défendirent énergiquement ; chaque jour, Colinet faisait sortir ses Gascons, qui firent beaucoup de mal aux assiégeants. Mais René, apprenant la défection du roi de France Louis XI qui avait donné carte blanche au duc de Bourgogne, fit dire par un messager le 25 novembre au bâtard de Calabre qu'il pouvait traiter ; c'est ce qu'il fit aussitôt. Le 27, les Gascons se retirèrent, vies et bagues sauves, et le 30 novembre le duc de Bourgogne entrait triomphalement dans Nancy (4).

Il ne devait pas conserver longtemps la place, car le 6 octobre 1476, le gouverneur bourguignon, pressé par la famine, capitulait et les troupes de René y rentraient ; il était temps, car le duc de Bourgogne arrivait huit jours plus tard à Toul et y apprenait avec rage la capitulation de ses troupes.

Le 22 octobre 1476, le duc Charles avait entièrement investi de nouveau la ville de Nancy et le second siège de la ville commençait.

(1) Les frères Citain pourraient bien être aussi des Gascons, mais nous n'avons pu l'établir.

(2) Fils naturel du roi de Sicile, René d'Anjou, et par conséquent oncle de René II.

(3) Charmes-sur-Moselle, chef-lieu de canton actuel des Vosges, arr. Épinal.

(4) Lepage, *Commentaires*, p. 78.

Depuis la fin du premier siège, novembre 1475, il n'est plus question de Colinet de La Croix, qui dut, soit mourir dans quelque escarmouche, soit retourner en Armagnac.

Mais Bernardin de Monclar et Bertrand de Jaulin demeurèrent dans les troupes du duc René jusqu'à la fin de la campagne, c'est-à-dire jusqu'au 5 janvier 1477, jour où Charles de Bourgogne trouva la mort dans les prés de l'étang Saint-Jean.

Le même jour, les troupes suisses reprirent le chemin de leurs montagnes. Quant aux Gascons, ils demeurèrent plus longtemps. Ce n'est qu'à la fin de 1477, que le receveur général délivra à Bernardin de Monclar et à certains autres diverses sommes pour rentrer dans leur pays (1).

Quant à Bertrand de Jaulin, dont le rôle avait été plus important, il demeura à la Cour du duc René, comme Jean de Saint-Amadour, Antoine et Jean de Citain.

Bertrand de Jaulin, appartenant à une vieille souche chevaleresque, trouva facilement à s'unir à une fille de l'ancienne chevalerie et épousa damoiselle Jacquette de Barisey (2). Nous ne savons ni la date du contrat, ni la filiation exacte de Jacquette. Il semble toutefois qu'elle doive être la petite-fille de André de Barisey (3), chevalier, seigneur de Blainville et Damelevières (4), et de dame Béatrix de Thiaucourt (5), et la fille de Georges, chevalier, seigneur des mêmes lieux et d'une dame inconnue. Sous

(1) Lepage, *Commentaires*, p. 81.

(2) Caumartin, *Recherche de la noblesse de Champagne*. F° Orges. Tout ce qui concerne le passage de Bertrand en Lorraine était inconnu de ses descendants, même son mariage que j'ai découvert. Conf. Viguier, *Décade historique*, II, 624.

(3) Barisey : *de gueules au chef d'argent, chargé de 2 têtes de nègres* (Lorraine).

(4) Damelevières, aujourd'hui commune du canton de Bayon et dont Blainville-la-Grande est un hameau.

(5) Thiaucourt : *d'argent, au léopard de sable* (Lorraine).

toutes réserves, car rien n'est plus dangereux que ce domaine de l'à-peu-près.

Une fois allié à une famille de l'ancienne chevalerie, Bertrand devait aller d'honneurs en honneurs. Le duc René le nomma capitaine et gouverneur des ville et citadelle de Châtillon-sur-Saône (1) et lui donna l'usufruit de la prévôté du lieu.

Bertrand se partagea entre Nancy et Châtillon où il passait une partie de l'année.

Cinq ans après la bataille de Nancy, Jeannot de Bidos (2) et Baptiste de Roquelaure (3) devaient se livrer combat sur la place du Chastel (place des Dames) de Nancy. Roquelaure avait jeté à Bidos son gage de combat parce qu'il lui réclamait la moitié des 10.000 fr. barrois que le duc lui avait concédés à raison de la prise en commun du bâtard Antoine, frère du duc Charles, à la bataille de Nancy. Le Duc avait fixé le 22 septembre 1482 pour le duel. A l'heure dite de midi, Jeannot de Bidos se présenta, monté et en armes, et prit pour conseillers trois chevaliers lorrains, plus les frères Antoine et Jean de Citain et le grand Bertrand. Mais Roquelaure, quoique ayant relevé le défi et le gage de bataille de Bidos, ne comparut pas et le duc dut donner défaut contre lui et condamna son pleige en tous les dépens et dommages et intérêts, envers Bidos (4).

(1) Châtillon-sur-Saône, Vosges, arr. Neufchâteau, cant. Lamarche.

(2) Bidos : *de gueules, à 3 chevrons d'argent, adextré en chef d'un croissant de même* (Béarn). Jeannot avait épousé Magdeleine de Parspergaire, de la chevalerie lorraine, et avait été nommé capitaine des cranequiniers à pied de la garde, et panetier du duc René, qui lui avait donné en outre les seigneuries de Remécourt, Lorey et Pont-Saint-Vincent. Il mourut le 1er septembre 1508 et la tombe des deux époux se voit encore à l'église de Pont-Saint-Vincent, dans la chapelle qu'ils ont fondée. Il tirait son nom de Bidos qui est une commune des Basses-Pyrénées, arr. et cant. Oloron-Sainte-Marie.

(3) Roquelaure : *d'azur, à 3 rocs d'échiquier d'argent* (Guyenne).

(4) *Recueil des arrêts choisis de la Cour de Lorraine* (Nancy, 1717), tome I, p. 317.

Huit ans plus tard, en 1490, Bertrand de Jaulin, toujours connu sous le nom de grand Bertrand, était nommé gentilhomme de l'hôtel du duc René.

Du 23 au 26 février 1507 (nouveau style) les membres des états du clergé, de la noblesse et du tiers, étaient convoqués pour reconnaître par écrit les coutumes du Bassigny. La convocation était faite par le bailli du Bassigny et le sénéchal de La Mothe (1), à comparaître dans cette dernière ville.

Douze nobles, seulement, y comparurent et le premier de ceux-ci fut « noble seigneur, Bertrand de Jalin, escuier, seigneur usufruictier de la prévosté de Chastillon, aagé de LVI ans ou environ » (2).

Cette mention est précieuse parce qu'elle nous donne l'âge de Bertrand de Jaulin.

René II mourut le 10 décembre 1508 ; quant à Bertrand il survécut longuement à son bienfaiteur et continua à jouir des faveurs de son successeur le duc Antoine.

Par acte du 5 février 1513 (nouveau style) ce duc lui engagea cette fois la même seigneurie et prévôté de Châtillon-sur-Saône (3).

Puis Bertrand retourna en Armagnac où son frère aîné Jehan était mort en 1511, sans hoirs de son mariage avec Marguerite de La Cassagne, et l'avait rendu ainsi possesseur d'un riche héritage, car il lui avait laissé tous ses biens.

Le 18 août 1521, il fait son testament à Gajan.

Le 10 octobre 1527, il y fait une donation à son fils bâtard, Bernard de Jaulin, prêtre.

Le 20 avril 1528, il y fait une vente par devant notaire.

Puis le silence se fait sur son nom, et nous ignorerions

(1) Le bailli de La Mothe était alors Jehan de Serocourt et le sénéchal de La Mothe et Bourmont était Didier Beget.

(2) Boyé, *Les anciennes coutumes inédites du Bassigny-Barrois.*

(3) Arch. Meurthe-et-Moselle, B. 352, f° 40.

la date de son décès, si l'usufruit de la prévôté de Châtillon-sur-Saône dont il était le bénéficiaire, mais dont son fils René touchait pour lui les revenus, n'avait pris fin en 1531, ce qui fixe l'époque de sa mort (1). Il était âgé de quatre-vingt-un ans.

De son mariage avec Jacquette de Barisey, Bertrand de Jaulin avait eu quatre enfants, René, Jehanne, Philippe et Catherine.

L'aîné René, seigneur de Gajan, né vers 1490 à Nancy, fut ainsi nommé en l'honneur du duc René II, qui a pu même être son parrain. En Armagnac son prénom devint Regnier.

Il vécut en Lorraine et Barrois une grande partie de son existence.

Toutefois il se maria en Gascogne, par contrat du 22 septembre 1518, à Françoise de Podenas (2), d'une famille illustre de la province.

Il fut continué dans la charge de capitaine et gouverneur de Châtillon-sur-Saône qu'exerçait son père. Il reçut à ce titre le produit de la garde de Corre (3), en 1545 (4).

Il continua de même à se qualifier de seigneur engagiste de Châtillon-sur-Saône, comme nous le voyons dans un aveu de 1556 (5).

En 1572, il était mort ainsi que sa femme, et ses filles avouent Châtillon en leur place (6).

La seconde enfant de Bertrand de Jaulin fut Jehanne, qui épousa en Armagnac, par contrat à Gajan, du 26 février 1518, Jehan de Gelas, écuyer (7), et ne laissa pas de postérité.

(1) Arch. Meuse. B. 2535.
(2) Podenas : *d'argent, à 3 fasces ondées d'azur* (Gascogne).
(3) Haute-Saône, arr. de Vesoul, cant. Jussey.
(4) Arch. Meuse, B. 2540.
(5) Arch. Meurthe-et-Moselle, B. 352, f° 979.
(6) *Ibid.*, B. 615, n° 110.
(7) Gelas : *d'azur, au lion d'or, armé, lampassé, et couronné de gueules* (Armagnac).

Le troisième enfant fut Philippe, qui fut religieuse professe aux Dames Clarisses à Nancy.

Le quatrième et dernier enfant fut Catherine : elle épousa, peu avant août 1521, Claude d'Orges (1), écuyer, seigneur de Forfelières, Récourt, Avrecourt (2), fils de Bertrand, écuyer, seigneur desdits lieux, et de damoiselle Marguerite Bertin (3); tous deux étaient décédés avant juillet 1536, laissant postérité.

Dans son testament, en 1521, Bertrand indique que la dot qu'il vient de lui constituer est composée des fiefs et rotures de Châtillon-sur-Saône et des biens qu'il avait acquis à Jambles-en-Bourgogne (4).

De René de Jaulin et de Françoise de Podenas naquirent quatre enfants; un fils Claude, écuyer; seigneur de Gajan (5), qui vécut en Armagnac et ne reparut plus en Lorraine ni en Barrois, et trois filles, Clémentine, qui vécut en célibat à Gajan, Isabeau et Jehanne, qui restèrent en Barrois et reçurent pour leur part Châtillon-sur-Saône qu'elles avouent, en 1512, comme héritières de René de Jaulin.

Ysabeau, dite aussi Élisabeth, qui en pratique était

(1) Orges : *d'argent, à 3 fasces de sable* (Bassigny).

(2) Récourt, Avrecourt, communes actuelles du canton de Montigny le-Roi, arr. Langres. Forfelières dépend d'Avrecourt.

(3) Bertin : *d'azur, à 3 flammes d'argent, rangées en fasce, et triangées de 3 bâtons d'or* (Franche-Comté).

(4) Jambles, Saône-et-Loire, arr. Châlon, cant. Givry.

(5) Claude, fils de René de Jaulin, épousa, vers 1550, Marie d'Orlan du Puy-Petit ; leur fils Amanieu épousa, en 1584, Magdeleine de Puis ; leur fils Raphaël épousa, en 1618, Françoise de Lambes ; leur fils Raphaël II épousa Anne-Siméon de La Porte ; leur fils Raphaël III épousa, en 1688, Marie du Mayen ; leur fils Jean-Marie épousa, en 1752, Marguerite de Pouy-Lateulère ; leur fils Jacques marié, en 1781, à Anne d'Aime, fut le dernier seigneur de Gajan ; leur fils Étienne-Jacques fut l'aïeul de M. Gustave de Jollin, c'est ainsi que le nom est orthographié aujourd'hui, secrétaire général et administrateur délégué de la Compagnie des chemins de fer de l'Est algérien, chevalier de la Légion d'honneur, d'où Jean de Jollin, né en 1890.

alors le même nom, épousa Nicolas des Champs (1), écuyer; elle mourut en 1609 laissant quatre filles : Charlette des Champs, épouse de Jacques de Clivier (2), écuyer, seigneur de Viaspres (3); Élisabeth des Champs, épouse de Antoine de Sacquenay (4), écuyer; Renée, filleule de son grand-père, épouse d'autre Antoine de Sacquenay, veuve en 1609; enfin, Catherine des Champs, fille. Toutes quatre obtiennent de S. M., en 1609, l'autorisation d'aliéner les biens fiefs qu'elles possèdent sur le territoire de Châtillon-sur-Saône, en leur qualité d'héritières d'Élisabeth de Jaulin, leur mère, et de demoiselle Jehanne de Jaulin, leur tante.

Le dernier enfant de René de Jaulin et de Françoise de Podenas, fut Jehanne qui vécut à Châtillon et ne se maria pas, laissant comme nous avons vu tout son bien à ses quatre nièces des Champs.

La mention de 1609 fut la dernière concernant les Jaulin en Lorraine et Barrois, où ils avaient résidé plus d'un siècle.

Ils continuèrent leur lignée en Armagnac, où ils existent encore après avoir possédé Gajan jusqu'à la Révolution.

Louis BOSSU.

---

(1) Des Champs : *d'azur, à 3 chardons fleuris d'or, feuillés et tigés de même, 2 et 1* (Bourgogne).

(2) Clivier : *d'azur, à 3 rencontres de bœuf d'or* (Champagne).

(3) Aujourd'hui Viàpres-le-Grand, Aube, arr. Arcis, cant. Méry-sur-Seine.

(4) Sacquenay : *parti, au 1, d'azur, au lion d'argent; au 2, de gueules, au lion d'argent, armé de sable* (Bourgogne).

Sur les anciens vitraux de Flavigny

L'ancien prieuré bénédictin de Flavigny (1) est devenu au xixᵉ siècle la propriété des religieuses, filles spirituelles du même patriarche de Subiaco, lesquelles, avant la Révolution, occupaient l'abbaye de Vergaville (2) ; ainsi le prieuré d'hommes fut transformé en une abbaye de moniales. L'église a été conservée ; le chœur s'éclairait par sept fenêtres, qui, vers 1530, furent garnies de vitraux par le célèbre peintre verrier alsacien Valentin Bousch ; trois n'existaient plus au milieu du siècle dernier, mais les quatre autres demeuraient à peu près intacts. Je crois utile d'en indiquer tout de suite les sujets, sommairement : 1º Création de la femme ; Adam et Ève chassés du paradis; 2º Arche de Noé et déluge ; 3º Moïse montrant au peuple juif les tables de la loi ; 4º Crucifixion. — Les lois de 1904 expulsèrent les religieuses et leur enlevèrent leurs biens (3) ; en partant pour l'étranger, elles se hâtèrent de faire argent de tout ce qui leur était possible de vendre ; c'est de la sorte que les vitraux passèrent aux mains d'un marchand ou de quelqu'un se chargeant par occasion du rôle de marchand, et qu'ils disparurent mystérieusement, sans doute dans des collections particulières.

Le dernier de ces vitraux a sûrement franchi l'Atlantique, ce dont témoigne l'extrait suivant que j'ai pris dans le *Répertoire d'art et d'archéologie* de 1913 : « Dur Friedley, *A Renaissance Window.* — Verrière de 1531, exécutée pour l'église de l'abbaye (4) lorraine de Flavigny et

---

(1) Arr. Nancy, cant. Saint-Nicolas.

(2) Anc. Meurthe, arr. Château-Salins, cant. Dieuze.

(3) Par suite de la guerre et de l' « Union sacrée », les Bénédictines sont revenues en Lorraine, non pas à Flavigny, mais (1921), à Roville-aux-Chênes, près de Rambervillers. *Semaine religieuse du diocèse de Nancy,* 1921, p. 680.

(4) Ce n'était encore qu'un prieuré.

maintenant en possession de Mr Thomas, F. Ryan. Description détaillée du vitrail de la Crucifixion qui y est représentée (1). »

Ainsi, nous savons que l'un des vitraux de Flavigny a été publié et à qui il appartient, mais je doute que la revue indiquée soit reçue à Nancy.

Chose surprenante et heureuse: les trois autres vitraux, tout au moins leur partie principale, ont également été reproduits, sans que le nom de leur possesseur ait pu être livré ; c'est de Paris qu'un intermédiaire, obligé à la plus grande discrétion, envoya, il y a une vingtaine d'années, des photographies de ces verrières à notre excellent confrère 'M. Edmond des Robert, afin de le consulter sur les quatre écus héraldiques différents que l'on remarque dans l'ensemble. M. des Robert a obtenu l'autorisation de reproduire ces trois vitraux, ce qu'il a fait, en photogravure, dans notre *Bulletin mensuel* d'août-septembre 1907 (2) ; il s'est d'ailleurs borné à l'examen de la question posée, à laquelle je m'étais moi-même attaché de longue date. La présence de trois de ces écus s'explique facilement ; il n'en est pas de même de celui qui rappelle incontestablement la famille de Toullon. J'y reviendrai à la fin de cette petite étude.

Dans un travail sur le prieuré de Flavigny publié en nos *Mémoires* en 1877 (3), l'abbé Guillaume a décrit les vitraux et en a fait lithographier le portrait du donateur, le prieur Wary de Lucy, ainsi que les quatre différents médaillons héraldiques ; mais, à cette époque, les historiens ne se croyaient pas astreints aux précisions et à l'exactitude qui leur sont maintenant demandées ; en outre, le

(1) *Répert. d'art et d'archéol.*, 1913, n° 2968 : « États-Unis. *Art in América*, 1913, vol. 1, n° 2, avril, p. 136-140, 1 fig. »

(2) P. 213-214 : *Trois vitraux du prieuré de Flavigny-sur-Moselle.*

(3) Abbé GUILLAUME, *Notice sur le prieuré de Flavigny-sur-Moselle*, dans *M. S. A. L.*, 1877, p. 223-328.

progrès des recherches iconographiques impose des obli-
gations nouvelles. Mon attention ayant récemment été
appelée sur ces vitraux, je crois devoir reviser sur quelques
points la description faite par M. Guillaume.

Dans chacun des vitraux, en plus des personnages qui
composent la scène, on voit, paraît-il, deux hommes, en po-
sitions variées, tenant des tablettes sur lesquelles sont
inscrits des textes, généralement tirés de l'Écriture sainte;
M. Guillaume a cru que l'on devait y reconnaître « Moïse et
Elie, qui ont figuré à côté du Seigneur, dans le mystère de
la Transfiguration » (1). Cela me paraît tout à fait erroné ;
lorsque l'on représentait des personnages montrant des
textes, ces textes étaient toujours empruntés à leurs œuvres,
ou à des livres qu'on leur attribuait ; or le prophète Elie
n'a laissé aucun écrit et quant au prétendu Moïse, s'il tient ici
parfois des textes du Pentateuque, il n'en est pas de même
dans le quatrième vitrail ; d'ailleurs, l'habitude était de
caractériser Moïse par deux petites cornes au front : l'auteur n'en dit rien. Je pense donc qu'il s'agit d'écrivains
quelconques, peut-être de moines bénédictins, appliqués
à l'étude de la littérature biblique.

La série chronologique des scènes commençait, ce qui me
semble anormal, du côté de l'Épitre ; c'est, du moins, ce
qui paraît ressortir du texte de M. Guillaume, qui place
le premier vitrail « à droite du visiteur tourné vers l'autel
de l'abside ». Ce vitrail, d'une largeur qui dépasse celle
des trois autres, est divisé, par deux trumeaux, en trois
compartiments ou panneaux verticaux, celui du milieu
plus large que les latéraux. Dans le compartiment principal et celui de dextre, on voit, comme l'a dit exactement
M. Guillaume, la création de la femme. Eve, qui sort du
côté d'Adam endormi, est au milieu du vitrail ; M. Guillau-

(1) Abbé Guillaume, *l. c.*, p. 280.

me n'a pas signalé la présence des animaux du paradis, ni l'encadrement circulaire, semé d'étoiles avec, en haut, le soleil et au bas, le croissant lunaire : image du firmament. Au-dessus, est le Père éternel, à mi-corps. Le créateur occupe le compartiment de dextre. M. Guillaume l'a pris pour Dieu le père ; mais je suis convaincu que c'est le Christ (1), puisque le Père est figuré dans le haut et qu'au-dessus du créateur, on voit la colombe représentant le Saint-Esprit, *qui Patre Filioque procedit* (2).

(*A suivre*)   L. GERMAIN de MAIDY.

BIBLIOGRAPHIE

— Le *Bulletin archéologique* du Comité des travaux historiques, année 1925, qui vient de paraître en un fascicule unique, contient peu de chose sur la Lorraine : p. xxv, une note de M. CHENET sur une fibule gallo-romaine trouvée à Lavoye (Meuse) ; p. cix, une communication du commandant LALANCE sur la voie romaine de Metz à Verdun.

— Dans le *Bulletin de la section des sciences économiques et sociales* du même Comité, année 1926, p. 125-131, est une *Étude sur la jurisprudence dans le Barrois sous le régime des coutumes,* par notre confrère, M. Lucien FRISTOT.

— Notre confrère, M. DE LA PERRIÈRE, publie une brochure de 19 p. in-8, *Un savant champenois, Jamerey du Val,* Troyes, 1926, extr. des *Mém. de la Soc. académ. de l'Aube,* t. 90. Il nous apprend la date exacte de naissance, 24 avril 1695, de ce savant dont on sait les attaches à la Lorraine, résume sa vie et énumère tout ce qui a été écrit sur lui, en Lorraine et ailleurs, enfin imprime l'acte du 29 avril 1758 par lequel Jamerey fait

(1) Il est représenté comme un homme jeune. On a quelquefois figuré ainsi le Père éternel parce qu'il n'a pas d'âge, mais cela est très rare et, peut-on dire, tout à fait exceptionnel.

(2) *Credo* de la Messe.

don d'une maison à son village natal d'Arthonnay, dans l'Yonne, pour y établir une école.

— Dans les *Annales de géographie* du 15 mars 1927, p. 168-9, est une note de M. Coornaert sur *Les routes commerciales d'Anvers en Italie au xvie siècle.* Les plus importantes de ces routes passaient par le duché de Bar ou par le duché de Lorraine, pour gagner ensuite Genève ou Bâle et franchir les Alpes. Au xviie siècle, Amsterdam supplantera Anvers et le trafic vers l'Italie passera par l'Allemagne.

— Si l'ouvrage de Jean d'Aucy, *Épitome de l'origine de la duché de Lorraine,* en manuscrit à la bibliothèque de Nancy, est bien connu, on ne sait à peu près rien de l'auteur lui-même, sinon qu'il était cordelier. Dans la *Revue d'histoire franciscaine,* 1926, p. 386-9, M. Enlart montre qu'avant de venir à Nancy, d'Aucy a vécu à Boulogne-sur-Mer. Son nom de famille paraît venir d'un lieu du Pas-de-Calais, Auxy-le-Château, et il a dû faire profession au couvent franciscain Saint-Laurent de Boulogne. C'est sans doute à la suite de la prise de Boulogne par les Anglais, en 1544, qu'il quitta cette ville et se rendit en Lorraine. Il a écrit un *Épitome de l'origine de la comté de Boulongne* dont le manuscrit est à la Bibliothèque nationale.

— Le volume de *Mélanges de philologie et d'histoire,* offert en 1927 à M. Antoine Thomas, membre de l'Institut, pour son 70e anniversaire, contient deux notes sur la Lorraine : P. 64-70, notre confrère, M. Charles Bruneau, traite de la question ardue Solimariaca-Solicia. A Soulosse, au nord-est de Neufchâteau, on a trouvé des inscriptions où figurent ces deux noms. M. Bruneau explique que Solicia était Soulosse et que Solimariaca doit être cherché dans le village tout voisin de Saint-Élophe. Le premier est dans la vallée, le second sur une hauteur ; or Solimariaca signifierait Solicia-la-haute. Ces deux villes romaines furent détruites par les barbares vers 360, puis vers 407. — P. 75-79, M. Ferdinand Brunot relate les efforts de deux préfets de la Moselle sous le premier Empire, Colchen et Vaublanc, pour répandre l'étude du français dans la Lorraine allemande.

CHRONIQUE

Versements de membres perpétuels

Ont versé la somme de 200 francs dans les conditions indiquées à la délibération du 28 avril 1891 et sont, en conséquence, devenus membres perpétuels de la Société d'Archéologie lorraine et du Musée historique lorrain :

MM.

L'abbé J. Curé, curé de Saint-Nicolas, 48, rue des Quatre-Églises ;

Lucien Laissy, capitaine de cavalerie, 14, rue des Bégonias ;

Le comte DE LAMBEL, château de Fléville, par Jarville ;

L'abbé LAURENT, curé d'Essey-les-Nancy ;

Adrien Michaut, conseiller général, Baccarat ;

Noel, adjoint au maire, 80, rue Isabey, Nancy ;

Pierre Xardel, avocat à la Cour, 97, boulevard Arago, Paris (XIVe).

Le dimanche 3 avril 1927, sous la présidence de notre confrère, M. Henri Mengin, a été inaugurée, dans la salle du greffe du Tribunal de commerce, une plaque avec inscription rappelant que là s'élevait la maison où Jacques Callot habita de 1625 à sa mort, en 1635, et où il produisit nombre de ses chefs-d'œuvre. Dans le très beau discours qu'il prononça, M. Mengin émit le vœu qu'une salle Callot fût organisée au Musée lorrain, le jour où la place ne fera plus défaut. La Société d'archéologie lorraine prend bonne note de cette indication si judicieuse.

Excursion à Lunéville

Le jeudi 26 mai, jour de l'Ascension, une vingtaine de membres de la Société, dont plusieurs dames, étaient accueillis à l'arrivée du train de Nancy vers 14 heures et quart, en gare de Lunéville par le colonel de Conigliano, le distingué conservateur des Musées qui, sollicité de façon un peu indiscrète, s'était mis à la disposition de ses confrères pour leur faire les honneurs de la ville.

La promenade commença par un coup d'œil sur la jolie

façade de là synagogue construite en 1787, façade ornée d'une riche guirlande de raisins et, à hauteur d'étage, d'une frise, malheureusement mutilée à la Révolution, où les fleurs de lys alternaient avec les doubles L et d'autres ornements. Ensuite ce fut un arrêt devant la curieuse maison d'angle, demeure de M. l'inspecteur général Delorme, puis un autre sur la place du Marché, devant une ancienne statue de saint Jacques dans sa niche Renaissance, marquant à peu près l'emplacement de l'ancienne église paroissiale de ce nom, détruite sous Stanislas. C'est devant une porte provenant également de cette église, que, le 1er septembre 1915, une bombe lancée par un avion allemand tua 48 personnes et en blessa 54 autres. Une plaque de bronze commémore cet acte de la sauvagerie teutonne.

L'église Saint-Jacques actuelle, ancienne église abbatiale des chanoines réguliers de Saint-Augustin, retient longtemps l'attention des excursionnistes. Construite par Boffrand et Héré, aux riches boiseries, aux somptueux autels de stuc de Mansion, aux commodes sacristies dont M. l'archiprêtre Gérardin fait aimablement les honneurs, au buffet d'orgues sans tuyaux apparents, cet édifice forme un tout de bel ordonnance et est mis en valeur par de nouveaux vitraux d'une élégante simplicité.

En sortant, un coup d'œil est donné sur quelques façades Louis XV et, par la place Stanislas, commence la visite du Château. Là-bas c'est le perron où Voltaire s'effondra en pleurant à l'annonce de la mort de Mme du Châtelet, plus près sont les salles occupées par le Cercle militaire ; la chambre d'apparat du roi, la salle des trophées, puis, après la montée par la majestueuse cour du Château, c'est l'accès aux Musées réunis : Musée urbain et Musée de l'arrondissement et des arts industriels installés, depuis 1922, par M. le médecin inspecteur général de l'armée Delorme, du cadre de réserve, membre et ancien président de l'Académie de Médecine, qui, avec une bonne grâce parfaite, tint à recevoir lui-même les visiteurs nancéiens.

Ceux-ci, sous cette haute direction et sous celle de l'obligeant conservateur, M. le colonel de Conigliano, parcourent successivement la salle du Musée historique d'arrondissement où se mêlent aux tragiques souvenirs de la guerre de 1914-1918 de belles études sur nature du peintre Renaudin, la salle Cyfflé, aux modèles de Saint-Clément, la salle 3 aux spécimens de la Faïencerie de Lunéville et aux grès de Mougin, modelés par Wettmann, la salle 4 avec les productions des fabriques lunévilloises de jouets d'enfants et de cartes à jouer, la salle 5 avec ses collections admirables de cristaux et de verreries des usines de Baccarat, de Croismare, des frères Muller, de Lunéville, les salles 6 et 7 avec la broderie perlée et au point de Lunéville, une vitrine y présente même une riche collection de broderies égyptiennes provenant des fouilles d'Antinoë, la salle 8 réservée aux productions de l'art mécanique, la salle 9 consacrée à l'hygiène sociale, la salle 10 avec l'exhibition de productions d'industries régionales, la salle 11 (salle F. Boucher), dite des *Expositions temporaires*, la salle 12 ou des *conférences,* puis, de plain-pied, c'est le Musée urbain avec ses quatre salles renfermant les collections augmentées de l'ancien Musée municipal.

Avant de quitter le château, les visiteurs admirent la chapelle du château, restaurée et contenant des œuvres notoires de peintres modernes et les débuts d'un musée de sculpture contemporaine. Ceci est encore l'œuvre de M. l'inspecteur général Delorme, qui est félicité et remercié comme il convient de son accueil si cordial. Après une brève promenade dans les Bosquets, si harmonieux en cette fin d'une belle journée de printemps, les membres de la Société sont guidés par M. le colonel de Conigliano, dans le délicieux Musée du xviiie siècle que constitue sa demeure familiale. Il faudrait tout citer, mais la place manque ici pour le faire : salons, boudoirs, bibliothèque, aux murs tapissés de damas vert ancien ou ornés de boiseries crème, gris perle ou vert pâle, trumeaux reproduisant les trophées des compagnies écossaise et anglaise des gendarmes rouges, tableaux, bibelots, tout retient également l'attention des membres de la Société qui eurent le délicat plaisir de participer à cette excursion. Tous conservent à M. le colonel de Conigliano une très vive gratitude.　　　　E. R.

Pour la Commission de rédaction, le Président : E. DES ROBERT.

L'imprimeur-gérant: A. HUMBLOT, 21, rue Saint-Dizier, Nancy.

Bulletin mensuel

DE LA

SOCIÉTÉ D'ARCHÉOLOGIE LORRAINE

ET DU

MUSÉE HISTORIQUE LORRAIN

22e ANNÉE. — Nos 7-9. — JUILLET-SEPTEMBRE 1927.

Procès-verbal de la séance du vendredi 10 juin 1927

Présidence de M. Edmond DES ROBERT, président.

Le procès-verbal de la dernière séance est lu et adopté.

Communications

Le Congrès de la Fédération historique lorraine à Sarrebrück, primitivement fixé aux 5 et 6 juin, a été reporté aux 3 et 4 juillet. La Société y sera officiellement représentée par deux ou trois délégués.

M. Gaston Zeller, membre de la Société, a obtenu de l'Académie des Inscriptions le second prix Gobert, pour son monumental ouvrage sur *La Réunion de Metz à la France*.

M. R. Munier a adressé des remerciements à l'occasion de son admission.

L'excursion à Lunéville, récemment organisée, a été très intéressante ; les membres qui désirent être prévenus individuellement des excursions projetées, donneront leur nom au secrétaire.

Un groupe d'officiers, à la tête desquels se trouvait le général Simon, commandant la 11e division, a visité le Musée lorrain, sous la direction de M. le président.

M. Edmond des Robert communique divers renseignements relatifs aux champs de fouilles.

Admissions

Sont admis comme membres titulaires de la Société : Mme la comtesse DE LANDRIAN DU MONTET, Mme BOUCHET (Mlle Marie-Madeleine GAUTHIER), Mlle PARISET ; MM. le Dr CHABEAUX, Charles DIDION, le Dr ROUSSEL.

Présentations

Sont présentés en la même qualité :
Mlle Marthe **Chenut**, 24, rue Grandville, par MM. Edmond des Robert, Georges Demeufve et Paul Chenut ; MM. Maurice **André**, 5, rue Maurice-Barrès, par MM. Edmond des Robert, Charles Bruneau et André Gain ; René **Marchal**, libraire, 5 et 7, rue Beaurepaire, Verdun, par MM. Dory, Sadoul et Chenut ; Victor **Collin**, entrepreneur de travaux publics, 8, rue du Sergent-Blandan, par MM. J. Dory, J. Favier et P. Chenut.

Ouvrages offerts à la Société

Figures du vieux Lunéville, M. et Mme Dalancour, par le colonel DE CONIGLIANO. Berger-Levrault, Nancy-Paris-Strasbourg, 129 p. in-8° et 9 tableaux généalogiques.

Condamnés à mort par le Tribunal criminel des Vosges et absous par celui de la Meurthe, par Albert TROUX. Ext. de 25 p. de *La Révolution dans les Vosges*, avril 1927.

Lectures

M. Édouard SALIN lit un compte rendu intitulé : *Recherche de sépultures barbares à Bralleville (M.-et-M.)* et présente les objets mis au jour.

M. Edmond des Robert commence la lecture, pour M. Louis Bossu, d'une étude sur *Les Ermitages de la région de La Mothe.*

MÉMOIRES

Recherche de sépultures barbares
à Bralleville (M.-et-M.), le 3 avril 1927

A la fin de l'hiver, M. Bichet, cultivateur à Bralleville, occupé à planter des pieux pour constituer un parc à bestiaux, tomba sur des ossements et sur des objets en fer ; la Société d'archéologie fut informée de cette découverte par les soins de M. le curé de Xirocourt ; M. Bichet ayant très aimablement donné à la Société toutes autorisations de faire des fouilles sur son terrain, nous nous rendîmes sur les lieux le 3 avril, mandatés par elle, en compagnie de M. et Mme Péquart et de M. L. Sadoul, afin d'effectuer un sondage destiné à reconnaître le gîte éventuel.

Celui-ci se présente de la façon suivante :

Il est situé au sud du village, au flanc ouest de la croupe qui le domine, à 300 mètres environ du chemin de champs qui va de Bralleville à Tantimont ; le sol constitué par des argiles et des marnes extrêmement compactes est fort difficile à travailler ; d'autre part, la terre des sépultures a repris presque exactement l'aspect du sol naturel et leur recherche présente des difficultés beaucoup plus sérieuses qu'il n'est de règle d'ordinaire. Cependant les travaux de recherche ont permis d'en découvrir et d'en fouiller complètement deux ; l'emplacement probable d'une troisième a été reconnu ; enfin, M. Bichet en avait découvert et exploré une quatrième.

Ces sépultures sont plus éloignées les unes des autres qu'il n'est habituel et il est impossible dans l'état actuel des travaux de se faire une opinion sur l'importance exacte du gîte.

Par contre, sa nature et son âge ont pu être déterminés avec exactitude. En effet, le mobilier comprend :

Des armes : lance et francisques de types classiques, à l'exclusion de scramasaxes ;

Une petite plaque-boucle de bronze de forme également bien connue, à l'exclusion d'aucune véritable plaque de ceinture ;

Deux contenus de bourse identiques à ceux de sépultures barbares du cimetière de Lezéville dont l'âge a pu être déterminé avec certitude ;

Enfin, deux cruches qui, à Lezéville, n'apparaissent que dans les sépultures de haute époque.

Ces caractères nous permettent de conclure qu'il s'agit de sépultures barbares qui sont très probablement de la fin du ve siècle.

Ces sépultures sont creusées dans la terre nue, sans traces de sarcophage de pierre ni de cercueil de bois ; si les corps ont été protégés de telle ou telle manière, lors de leur inhumation, comme cela a lieu souvent dans les cimetières de cette époque, il n'en reste pas trace.

Par contre, au contact des corps, nous avons rencontré de très nombreux charbons. La sépulture qui est peut-être celle d'une femme en renfermait de particulièrement abondants ; les premiers ont été rencontrés à 0^{m}40 de profondeur.

Cette observation confirme celles que nous avons déjà eu l'occasion de faire à maintes reprises, mais ne nous permet pas plus qu'auparavant de déterminer de façon certaine l'origine de ces charbons ; nous persistons à penser, cependant, qu'ils correspondent à des feux allu-

més sur place et non aux cendres du foyer domestique
comme le suggère M. Viollier (1).

Les corps sont orientés ouest-est et regardent le levant;
deux d'entre eux sont placés l'un à côté de l'autre et sem-
blent constituer l'amorce d'une rangée sur laquelle se
trouverait la sépulture dont nous avons reconnu l'emplacement probable.

Le troisième est plus en arrière, mais son orientation est
la même.

Voici maintenant la description du mobilier :

Armes de fer :

Deux francisques du type dissymétrique classique (2),
une lance à peu près identique à celles trouvées au Vieil-
Aître (3) et dans la sépulture n° 197 de Lezéville, deux
couteaux.

Objets de bronze :

Une petite plaque-boucle de bronze décorée de cercles
oculés;

Deux bouclettes de bourses, dont l'une assez élégante
de forme;

Un anneau;

Enfin, un objet de bronze dont la signification nous
échappe, mais qui est fort curieux; malgré nos recherches
qui ont porté sur les monographies de plusieurs cimetières bien connus (4), nous n'avons pu trouver de terme
de comparaison. Il ressemble très exactement à la chistera
dont les Basques se servent pour jouer à la pelote; l'une

(1) Viollier, *Andelfingen*, p. 52.

(2) E. Salin, *Le cimetière barbare de Lezéville*, p. 17.

(3) Léopold Quintard, *Les fouilles du Vieil-Aître*, pl. III, n° 9.

(4) En particulier Marchelepot, Bourogne, Lezéville, Andelfingen.
La collection Moreau et les monographies locales (Chaouilley, le Vieil-
Aître, le Champ des Tombes, etc.).

des extrémités (celle qui dans la chistera sert de gant) se
termine en forme de tête de dragon dont les yeux, les
oreilles et le mufle sont parfaitement visibles ; des stries
recouvrent extérieurement le corps arrondi du dragon
qui s'évase à son autre extrémité et qui intérieurement est
évidé — comme dans la chistera. — Des débris de fer
oxydé se trouvaient au contact de cet objet ainsi qu'un
crochet de fer ; il se peut qu'il s'agisse d'une simple amu-
lette ; cependant, nous pensons plutôt qu'il s'agit d'une
applique de bronze provenant d'un objet non métallique
qui par conséquent a péri.

Contenu des bourses :

Trois silex ; il est possible que ces silex aient été desti-
nés à servir de briquet ; mais la partie métallique du
briquet manquait, et nous sommes bien plutôt tentés de
considérer que ce sont des amulettes ; on sait que dès
l'époque de la Tène de tels silex se rencontrent, extrème-
ment fréquents, dans les sépultures (1).

La moitié d'un moyen bronze de Nîmes ; il porte à
l'avers la tête d'Agrippa avec partie de l'inscription bien
connue IM (P) DIV (I. FIL.) et au revers la moitié du cro-
codile avec NEM.

Nous sommes frappés de rencontrer aussi souvent cette
monnaie coupée en deux dans les sépultures barbares,
alors qu'il y en avait tant d'autres ; il y a peut-être à cela
une raison que des observations plus nombreuses feront
apparaître.

Une monnaie gauloise.

Objet en os :

Un peigne de forme classique et d'ailleurs en très mauvais état ; il forme démêloir d'un côté et peigne fin de
l'autre.

(1) E. SALIN, *Le cimetière barbare de Lezéville*, p. 51 et 52,

Poteries :

Elles comprennent les débris de deux cruches et peut-être les débris d'un autre vase ; l'une des cruches seule a été recueillie (en une quarantaine de fragments) au cours du sondage fait par nous, elle a pu être reconstituée d'une manière satisfaisante. Elle est très analogue à de nombreuses cruches de même époque trouvées dans notre région (telle que le n° 2, pl. III des *Fouilles de Chaouilley*) ; Lezéville a également fourni des cruches à peu près identiques. Comme il arrive quelquefois, elle porte encore, sur le côté opposé à l'anse, la trace du contact avec le foyer. Nous ne sommes pas surpris de la trouver là ; le vase à puiser l'eau n'était-il pas un des objets les plus usuels ? et au nombre de ceux que la ghilde du roi Éric le Bon recommande de procurer à un ami en fuite ; il est donc naturel qu'il fasse partie du mobilier funéraire.

Ceci posé, la description des sépultures est la suivante :

SÉPULTURE N° 1

Profondeur : 1 mètre.

Sexe : homme.

Taille : 1m 75.

Le corps est étendu les bras allongés le long du corps, la tête fortement inclinée à gauche.

Le mobilier comprend, au niveau de la tête et à droite : une framée et une francisque. Sur l'humérus gauche : un peigne en os. A la ceinture et en travers : une petite plaque-boucle triangulaire en bronze décorée de cercles oculés ; à côté, les restes d'une bourse comprenant : une petite boucle de bronze avec son ardillon et deux silex.

SÉPULTURE N° 2

A 1m 40 de la première sur le même alignement.

Profondeur : 0m 80.

Sexe : ?

Taille : 1^m80.

Le corps est étendu les bras allongés, la tête inclinée à droite.

Le mobilier comprend : à la ceinture un couteau, un anneau de bronze, l'objet en forme de chistera, et les restes d'une bourse comprenant : une bouclette ovale, un silex, une monnaie gauloise et la moitié d'un moyen bronze de Nîmes de l'époque d'Auguste. Aux pieds, une cruche.

SÉPULTURE N° 3

Fouillée par M. Bichet, en arrière et à 2^m20 des précédentes.

Profondeur : 0^m40.

Sexe : homme.

Mobilier : une francisque, à la ceinture au côté droit, un vase entre les pieds.

Tels sont les résultats du sondage du 3 avril 1927 ; il est certain qu'il serait nécessaire d'en faire d'autres si l'on désire avoir du cimetière de Bralleville une idée plus complète et juger de l'opportunité d'entreprendre là des fouilles destinées à étudier méthodiquement la totalité du gîte.

Nous tenons à signaler l'amabilité parfaite de M. Bichet qui nous a remis pour le Musée les objets qu'il avait trouvés et nous a facilité de toutes manières l'exécution de nos travaux de recherches.

EDOUARD SALIN.

Sur les anciens vitraux de Flavigny

(Suite et fin)

J'ai parlé ailleurs (1) de la doctrine, très orthodoxe, d'après laquelle le Père éternel n'a jamais quitté le haut des cieux, d'où il ordonne toutes choses : c'est le Verbe, le Christ, qui a été l'opérateur de la création, *per quem omnia facta sunt* (2) et qui s'est toujours manifesté sur la terre. — L'expulsion d'Adam et d'Eve remplit le troisième compartiment. Le bas du vitrail est en forme de stylobate ; on y voit au milieu le médaillon représentant Wary de Lucy. Latéralement il y a, à dextre, sur trois lignes, ce texte que M. Guillaume a transcrit en italiques, omettant la référence au chapitre II (v 74) de la Genèse (3) : FACTVS EST H̄O | IN ANIMAM | VIVENTE·GEN·Z⁰. — De l'autre côté, également sur trois lignes, on voit la belle devise *parlante* du prélat donateur et la date : FRAVS | INIMICA | LVCI 1533. — Plus bas et non reproduits par la photogravure, existent trois écussons : *Savigny* au milieu, accosté de *Craincourt* et de *Toullon*. M. Guillaume, je le rappelle, a fait lithographier ces écus ainsi que le portrait du prieur et, au-dessous, son écu héraldique emprunté à l'un des autres vitraux, où l'on voit de cet écu un dessin varié.

Le second vitrail s̄e rapporte à l'Arche de Noé et au déluge. Je crois inutile de revenir sur ce que M. Guillaume a dit de ce morceau, sauf pour préciser que les deux textes, non lisibles sur la planche et que l'auteur dit tirés de la Genèse, s'y trouvent précisément au ch. VI, v. 17.

Je ne m'arrêterai pas davantage sur le troisième vitrail,

---

(1) *Sur un ancien texte liturgique,* dans *B. S. A. L.,* déc. 1908.

(2) *Credo* de la Messe : cf. *Joann.,* I, 3.

(3) Les deux sigles d'abréviation sont en forme d'oméga surbaissé.

Moïse montrant les tables sacrées; l'écrivain de dextre trace sur sa tablette un verset du Deutéronome (je précise : XXVII, 13), tandis que son vis-à-vis en présente une plus grande, surmontée d'une petite queue d'aronde, où M. Guillaume a copié ce texte, presque lisible sur la photogravure : *Si volueritis et audieritis me, bona terræ comedetis*. Il n'en donne pas la source, qui est le livre d'Isaïe (I, 19).

Le dernier vitrail, comme il a été dit, représente la Crucifixion; M. Guillaume n'indique pas la source des inscriptions, qui sont empruntées aux psaumes (XXI, 17) et à l'Évangile selon saint Jean (XII, 32). Il a écrit : «.Au pied et d'un côté (de la croix), est la sainte Vierge évanouie, affaissée sur elle-même et soutenue par saint Jean. De l'autre côté, un personnage enveloppé d'un long vêtement de couleur foncée, se tient debout, ayant les bras élevés, les mains jointes et fixant le Sauveur expiré. » On aimerait savoir ce que l'auteur de l'étude américaine a dit *de visu* de ce personnage. Serait-il Joseph d'Arimathie ?

Les deux vitraux qui suivaient et terminaient la série ont été détruits ; du dernier, il ne restait rien ; mais, tout en haut de l'autre, M. Guillaume a vu « un *Agnus Dei* nimbé soutenant l'étendard de la Croix », en d'autres termes un agneau pascal.

Que pouvaient représenter les trois vitraux qui manquent et quelle a été l'idée maîtresse de l'ordonnance de cette série iconographique ? Qu'on ne l'oublie pas : nous avons là une œuvre du xvɪᵉ siècle, époque à laquelle on se libérait beaucoup des traditions, et où l'on avait des préoccupations nouvelles. Vers 1875, Mgr Foulon, évêque de Nancy, adressa à tous les curés du diocèse un questionnaire sur les objets mobiliers ; anciens et artistiques, de leurs édifices religieux. Dans sa réponse, celui de

Flavigny a signalé les vitraux de l'église conventuelle ; j'y ai lu : « Selon M. l'aumônier, l'œuvre complète comprenait l'ensemble de l'histoire humaine, selon la foi : Création, Déluge, Sinaï, Bethléem, Calvaire, Pentecôte, Jugement dernier. » Je n'oserais dire que cette hypothèse ne soit pas la bonne. Au Moyen Age, on ne représentait guère le Jugement qu'au grand portail occidental des églises, parce que la nef était considérée comme le vestibule du paradis ; on y entrait par le côté du couchant, qui symbolise la mort, et on traversait l'atrium, qui faisait partie du cimetière (1) ; il convenait de remémorer que, pour avoir accès au ciel, on doit comparaître devant le souverain Juge. Mais, à l'époque de la Renaissance, c'est souvent à l'intérieur des églises, et même dans le chœur, que cette scène a été figurée.

Ce qui me rend plus douteuse l'opinion de l'aumônier, c'est la présence de l'agneau pascal au sommet de l'avant-dernier vitrail, qui ne paraît point s'accorder avec la Pentecôte, mais évoquerait, ce semble, un repas eucharistique, ou, du moins, sanctifié par la présence du Sauveur, peut-être le repas d'Emmaüs. J'étais d'ailleurs tout à fait disposé à croire que la descente du Saint-Esprit formait le sujet de l'un des vitraux, comme correspondant à la Pentecôte juive, je veux dire à Moïse portant les tables de la loi. Par conséquent le plan aurait pu être de montrer l'importance des commandements divins : pour avoir manqué d'y obéir, nos premiers parents furent chassés du paradis et l'humanité, sauf la famille de Noé, a été détruite par le déluge ; plus tard, Moïse a reçu le Décalogue, et le Christ a effacé le péché du monde (2) par

____

(1) Le mot *atrium*, en français *atre, aitre, atrie*, etc., est devenu synonyme de cimetière, même pour des nécropoles antiques. Témoin la Commanderie du Vieil-Aître à Nancy, nom qui été parfois étrangement défiguré en *Virelay*.

(2) Tel est, m'a dit un théologien, la formule primitive, amplifiée dans la liturgie par *peccata mundi*.

le sacrifice sanglant du calvaire ; ressuscité, il s'est fait reconnaître de ses disciples par la fraction du pain ; enfin le Saint-Esprit est descendu du ciel sur les apôtres et les disciples pour les combler de ses dons et les rendre capables d'être les chefs de l'Église. A l'appui de cette opinion, il y aurait à remarquer que, vers 1530, la Lorraine était agitée par la propagation des doctrines protestantes, qui s'appuyaient sur l'Écriture sainte et rejetaient l'interprétation patristique. N'aurait-on pas voulu, par les vitraux de Flavigny, attester que l'Église catholique reconnaît l'autorité de la Bible, mais aussi le rôle des docteurs inspirés par l'Esprit saint ? Toutefois nous ignorons le sujet du quatrième vitrail, qui, occupant la fenêtre du fond du chœur, était à la place la plus honorable. M. Guillaume disait qu'il y restait seulement, au sommet, « la figure du Père éternel ». Il se pourrait donc que, comme l'a pensé l'aumônier, ce vitrail ait représenté la nativité du Christ ; cette scène poétique et touchante jouissait, d'ailleurs, d'une grande faveur. En somme, il n'y a, dans ce que j'ai dit, qu'une hypothèse très incertaine, mais qu'il me paraît utile de noter, en attendant d'autres renseignements ou des objets de comparaison.

On lira avec intérêt, je crois, ce que M. Émile Mâle, dans l'*Histoire de l'art* d'André Michel (t. IV, 2e part., p. 811, publiée en 1911) dit de notre sujet à propos des vitraux de la Renaissance en France : « Les régions de l'Est, enfin, bien que souvent ravagées par les guerres, conservent encore quelques vitraux du xvie siècle. Les plus remarquables (1) sont à Flavigny (2)-sur-Moselle,

(1) Sont-ils réellement les plus remarquables ? Il en existe encore de bien beaux, de la même époque, à Metz et, d'une époque un peu antérieure, à Blénod-les-Toul.

(2) Je corrige ce nom ; le texte porte *Fleurigny*.

qui sont signés des initiales de Valentin Bouch, le grand verrier de Metz. Le vitrail du Déluge est du plus grand style. »

**

Les quatre écus héraldiques cités plus haut devraient, ce semble, représenter les quatre quartiers de Wary de Lucy.

Ainsi que l'a dit M. des Robert, le prieur Wary était lui-même protonotaire et fils, non d'un autre Wary comme l'a cru M. Guillaume, mais de Maheu de *Lucy* et de Claude de *Craincourt*, petit-fils de Wary de Lucy et de Jeanne de *Savigny*, ce qui explique fort bien trois des écus ; mais le 4e devrait être *Serrières*, car Claude de Craincourt était fille d'Androuin de Craincourt et d'Helvide de Serrières. Or, c'est l'écu de Toullon que nous voyons. Comme explication, M. des Robert a simplement transcrit ce passage du *Simple crayon* de Husson-l'Escossois à l'article *Toullon* : « Depuis, Lucyon de Fromel, fils de Guyot de Fromel, porta pour une des lignes de Marguerite de Sampigny, sa mère, fille de Jean de Sampigny, les Armoises (*sic*) de Toullon, comme aussi Wary de Lucy, Prothonotaire de Flavigny. » Cette phrase est évidemment défectueuse ; je pense qu'il faut lire : « Depuis, Lucyon de Fresnel, fils de Guyot de Fresnel, porta, pour une des lignes de Marguerite de Sampigny, sa mère, fille de Jean de Sampigny les armoiries de Toullon, comme aussi Wary de Lucy, prothonotaire (1) de Flavigny. » C'est-à-dire que Lucyon de Fresnel et Wary de Lucy se plurent à faire figurer dans leurs quartiers les armes de Toullon, sans doute à cause de la haute réputation qu'avait laissée cette famille, alors

---

(1) Cette orthographe n'était pas rare au xvi⁰ siècle.

récemment éteinte, car je ne vois pas, après recherche
sérieuse, que Marguerite de Sampigny s'y rattachât de
près.

D'autre part, je trouve bien, dans quatre actes de 1425
à 1436, un Henry de Lucy, dont la femme est nommée
Isabelle de *Toulon* (1) ; mais je n'ai pu découvrir qu'il ait
laissé postérité. — Il reste donc là un curieux problème
héraldique à résoudre, ce qui n'est point de nature à dimi-
nuer l'intérêt multiple que présentent les anciens vitraux
de Flavigny.

L. GERMAIN DE MAIDY.

A propos des taques aux armes
de Sébastien de Tynner

Il nous a paru intéressant de donner quelques indications complémentaires sur la taque aux armes de Sébastien de Tynner, précédemment décrite (2).

D'abord M. Boursier, notre confrère, nous signala qu'il
possédait, à Champey (3), un exemplaire de la plaque de
foyer en question, trouvée sur place ; seulement les
armoiries y sont très distinctes et, sur le blason se
remarque, non pas un *bouc*, comme le rapportent les
armoriaux, mais un *chevreuil*.

(1) « Pièce du 28 novembre 1426, conservée aux Archives de Meurthe-
et-Moselle, B. 840, n° 16 : lay. Nomeny II, 16. » Renseignement dû à
l'obligeance de M. des Robert, alors que déjà j'avais trouvé mention
de l'acte dans l'Inventaire de Dufourny.

(2) *B. S. A. L.*, 1926, p. 119 et 120.

(3) Champey, cant. Pont-à-Mousson, arr. Nancy, Meurthe-et-Moselle.

Il est facile de s'en rendre compte par la reproduction fidèle donnée ci-contre.

Si l'animal est *contourné*, c'est-à-dire tourné vers la droite subjective, c'est que le moule employé par le fondeur est le même que celui établi précédemment pour d'autres taques dont nous allons parler, taques qui comportaient quatre blasons complets, affrontés deux à deux, c'est-à-dire, *courtoisie héraldique* observée.

En effet, M. Victor Prillot, également membre de la Société, voulut bien nous signaler une taque, datée de 1623, différente de celle récemment entrée au Musée lorrain, laquelle est de l'an 1627.

C'est l'occasion de rappeler que la plaque de foyer en possession de notre obligeant confrère a été reproduite par Siebenaler (1) et, à l'aide du même cliché, prêté par l'Institut archéologique de Luxembourg, dans une *Note sur quelques seigneurs de Hollenfels* (2) due à la plume de Fernand Donnet.

Cette taque porte les armes de deux conjoints :

Tynner : *D'or au chevreuil de gueules passant sur une terrasse de sinople* (3).

Hohenstein : *Ecartelé, aux 1 et 4, d'argent à un écusson de gueules en abîme, accompagné au canton dextre du chef d'une rose de sable, aux 2 et 3, d'argent à deux pals d'azur et au chef de gueules ;*

Aussi leurs quartiers maternels :

(1) Siebenaler, *Taques et plaques de foyer.* Arlon, 1908, p. 21 et 22.

(2) Extrait de la revue mensuelle *Ons Hémecht*, 1913, nᵒˢ 1 et 2.

(3) Bien entendu, si nous donnons ici les émaux, c'est d'après les armoriaux, car, au début du xviiᵉ siècle, la convention des hachures pour les représenter n'était pas encore établie.

Pour Tynner :

Graner (1) : *Un dextrochère tenant un poignard versé.*

Pour Hohenstein :

Tailly : *D'azur à une fasce d'or chargée d'un sautoir de gueules; au chef d'or, chargé d'une aigle issante de sable, languée de gueules.*

Le milieu de la taque porte une sorte d'arbrisseau stylisé s'élevant d'un vase lui-même posé sur un socle à la base duquel se lit la date : 1623, et, à la partie supérieure de la taque, dans un petit cartouche se trouve le nom de la seigneurie : Hollenfels.

Les quatre blasons décrits ci-dessus sont ornés de leurs casques, cimiers et lambrequins :

Tynner : Tête et col de chevreuil.

Hohenstein : Touffe de plumes de paon.

Graner : Deux dextrochères tenant le poignard versé de l'écu.

Tailly : Un écran ovale aux armes.

La *courtoisie héraldique*, comme nous l'avons dit, est observée, c'est-à-dire que les pièces des écus Tynner et Graner font face aux deux écus Hohenstein et Tailly ; effectivement le *chevreuil* et le *dextrochère* sont tournés vers sénestre.

Or, comme nous l'avons fait remarquer plus haut, c'est le même moule qui a servi à estamper le blason de Tynner sur les deux taques, sur celle de 1623, aux quatre blasons et sur celle de 1627 : celle au blason unique dont un exemplaire est entré au Musée lorrain, ce qui explique pourquoi nous trouvons l'écu *contourné* sur la taque de 1627.

(1) Comme nous allons le voir plus loin, ce nom est restitué d'après une autre taque conservée au Musée de Metz.

Rietstap, dans son *Armorial général*, donne des armoiries tout à fait différentes à deux familles allemandes du nom de Graner.

Revenons à la taque de 1623.

En-dessous de chaque blason, un cartouche rectangu-laire porte une inscription.

Sur le premier, en haut :

SEBASTIEN V. TYNNER

H. Z. HOLLFELS HAUPMAN

Sur le second, toujours en haut :

MARIA V. TYNNER GEBO

REN V. HOHENSTEIN·

FRAV. Z. HOLLENFELS

Sur l'exemplaire appartenant à M. Prillot, les troisième et quatrième cartouches ont été rongés par le feu du foyer et les inscriptions qui s'y trouvaient sont devenues indéchiffrables. Mais au Musée de Metz se trouve une réplique de la taque décrite en dernier lieu. Elle est relatée sous le n° 335 au *Catalogue des plaques de foyer* (1) de ce Musée. D'après la mention dudit catalogue, la partie lisible de l'inscription du premier cartouche du bas serait :

. . . . V. TYNNER

. . . . V. GRANER

Cette dernière taque diffère de celle appartenant à M. Victor Prillot par le motif du milieu. C'est aussi un vase de fleurs, le bouquet se termine par une grosse fleur de lys, surmontée elle-même du monogramme du saint nom de Jésus. Tout à fait en haut existe le cartouche au nom de la seigneurie : HOLLENFELS.

Un dernier mot sur les deux taques aux quatre blasons:

______

(1) CHENET (Émile), *Musées de Metz. Catalogue des plaques de foyer.* 1926.

elles mesurent 86 centimètres de hauteur sur 93 centimètres de largeur.

M. Émile Diderrich, notre confrère luxembourgeois, aussi érudit qu'obligeant, voulut bien nous faire savoir que Hollenfels était tout voisin des forges d'Ansembourg dans la vallée de l'Eisch et c'est là sans doute que furent fondues les taques dont nous venons de parler.

M. E. Diderrich donne aussi d'intéressants détails sur le capitaine de Tynner, très généreux et, sans doute, aimant beaucoup l'ostentation, car on trouve ses armoiries un peu partout et il figure parmi les bienfaiteurs de toutes les œuvres de son époque, en Luxembourg s'entend : construction de l'église des Jésuites à Luxembourg, fondation de bourse dans leur collège, etc...

Il appartenait à cette nombreuse petite noblesse que les margraves de Bade avaient amenée dans la région de Rodemack et où ils recrutaient leurs fonctionnaires : baillis, officiers, chambellans, maîtres d'hôtel, etc... Il y avait aussi toujours, dans la forteresse de Luxembourg, un régiment de Bade.

Le nom de *Baden* était fréquemment porté par de simples roturiers et souvent des familles de cette petite noblesse badoise, suisse ou alsacienne se paraient d'armoiries où les *bandes* rappelaient les armoiries des margraves de Bade : *D'or à la bande de gueules.*

Edmond des ROBERT.

Note sur un prix décerné, en 1617,
au Collège de Nancy

A notre séance du 12 décembre 1924, je vous ai présenté *Le livre de la Confrérie de Saint-Sigisbert.* A ce sujet, je vous exprimai un souhait, celui de voir les membres de notre Société qui possèdent des livres rares,

des manuscrits précieux, des reliures remarquables, nous
les décrire et nous faire admirer dans nos réunions les
richesses ou de leurs bibliothèques ou de leurs collections.

Cette fois, je viens encore vous ouvrir les rayons de ma
modeste bibliothèque et vous présenter un volume peu
commun. C'est un des prix distribués, pour la première
fois, par les Jésuites de Nancy, dans leur Collège.

Il contient les tragédies d'Euripide, texte et traduction
latine, volume de 846 pages, suivies de 136 pages d'anno-
tations de différents critiques, sortant des presses de
Paul Étienne, 1611, à Genève.

La reliure, dont un des plats malheureusement en mauvais état, ornée aux petits fers, est aux armes de Jean
des Porcelets de Maillane, évêque de Toul. Ce fer est
absolument semblable à celui signalé et reproduit par
M. Favier (1) comme ayant servi à la distribution des
prix de l'Université de Pont-à-Mousson, en 1611. Ce qui
donne de l'intérêt à ce livre, c'est le *testimonium* qui
se trouve sur le premier feuillet de garde, en tête du
volume :

Franciscus Poirot primum strictæ orationis
præmium in suprema classe consecutus est
Illustrissimo Reverendissimoque D. Duo
Joanne Porcelleto Maillaneo Episcopo et
Comite Tullensi S. R. Imperii Principis
studiosæ juventutis muneratore amplissimo
quam rem testatissimam reddidit subscriptum
nomen.

Nanceii 29 augusti 1617
J. Baptista Martignac
studiorum præfectus.

(1) J. Favier, *Nouvelle étude sur l'Université de Pont-à-Mousson*,
dans *M. S. A. L.*, 1880, p. 415 et fig. 9.

Notre confrère, le distingué bibliophile M. P. Chenut, nous a donné lecture, le 13 mars 1925, d'un très intéressant travail sur une reliure aux armes de la ville de Nancy (1), où il nous disait que, d'après M. Pfister, le Collège des Jésuites de Nancy s'était ouvert pour la première fois le 29 octobre 1616 ; trois classes de grammaire seulement étaient organisées : la cinquième, la quatrième et la troisième. M. Chenut ajoutait qu'il était vraisemblable qu'en 1617 on ne songea pas à distribuer des prix. Notre *testimonium* vient nous démontrer qu'il y en eut une le 29 août 1617.

Mgr des Porcelets de Maillane, déjà « bienfaiteur de la jeunesse studieuse », qui avait fait construire, à ses frais, l'église du Collège, ayant voulu, sans doute, témoigner dès le début sa sympathie aux Jésuites, fut donc le premier donateur qui offrit des prix à Nancy.

Le P. Jean-Baptiste Martignac, qui signe le *testimonium* comme préfet des études, le 29 août 1617, l'était probablement depuis peu de temps, puisqu'il avait prononcé ses vœux le 15 du même mois.

Quel était ce François Poirot, le lauréat du premier prix de vers latins de la classe supérieure de grammaire, c'est assez difficile à établir ; il pouvait être d'une des familles Poirot signalées par dom Pelletier.

Nous connaissons donc maintenant les dates de deux distributions de prix à Nancy, souhaitons qu'on découvre d'autres agonothètes, qui permettront d'en établir la liste complète, comme on l'a fait pour Pont-à-Mousson.

Comte A. DE MAHUET.

---

(1) P. CHENUT, *Note sur une reliure aux armes de Nancy. J. S. A. L.*, 1925, pp. 8-25.

L'Hôtel d'Haussonville à Nancy

L'hôtel d'Haussonville, qui occupe dans la ville vieille de Nancy les n°s 9 et 9 *bis* de la rue de l'Abbé-Trouillet, est bien connu. Ses fenêtres à meneaux, les riches galeries de ses façades intérieures, la tour carrée où se développe un large escalier tournant, attirent les regards. Tous les historiens de la ville y reconnaissent une solide et élégante construction de la Renaissance (1).

Cette demeure seigneuriale fut en effet construite de 1545 à 1551 ; remaniée en 1552 ; modifiée et bien souvent défigurée depuis.

Il est aujourd'hui hors de doute (2) que c'est Jean d'Haussonville, troisième du nom, qui l'habita le premier en 1552. Son nom figure en effet, à cette date, et pour la première fois sur le rôle des habitants assujettis à la taxe de 3 gros par mois, pour l'entretien des mercenaires étrangers, dits *Mortes-payes*, auxquels était confiée la garde de la cité (3). Depuis lors, l'hôtel a changé de maître plusieurs fois. Il est sorti pendant près d'un siècle de la famille de son fondateur, pour y rentrer ensuite, et en sortir de nouveau. Peut-être n'est-il pas sans intérêt de rappeler ces vicissitudes, au moment où la demeure des d'Haussonville est abandonnée, peut-être pour toujours, par les descendants de ceux qui l'ont construite.

Elle évoque la période la plus attachante de l'histoire lorraine, la régence de Christine de Danemark, et le règne de son fils Charles III. Ce fut aussi pour la maison

(1) R. DE SOUHESMES, *Nancy inconnu*, dans *M. S. A. L.*, 1889, p. 82 à 103, et Chr. PFISTER, *Histoire de Nancy*, t. II, p. 263 et suiv.

(2) Voir sur cette discussion, l'opinion non exempte de plusieurs erreurs de Léon MOUGENOT, dans *J. S. A. L.*, 1863, p. 29 et suivantes.

(3) LEPAGE, *Rôle des habitants de Nancy, en 1552-1553*, dans *J. S. A. L.*, 1853, p. 139.

d'Haussonville l'époque de sa plus grande prospérité,
celle où, par sa puissance territoriale, par la valeur personnelle de plusieurs de ses membres, elle joua le rôle
le plus considérable dans les affaires de son temps.

Jean III et ses frères Simon et Gaspard, par leur fidélité
à nos ducs, avaient fait oublier les fautes de leur père,
Balthazar, premier du nom, qui s'était donné à Charles-
le-Téméraire ; et celles de leur grand-père, Jean II, qui
avait lâché pied, et abandonné le duc René, dès le début
de la bataille de Bulgnéville (1). Cependant ces défail-
lances n'avaient pas empêché le même Jean II de devenir
un des plus puissants seigneurs de la Lorraine, au moyen
de l'acquisition qu'il fit en 1433 de la seigneurie de
Turquestein, l'un des fiefs les plus opulents de l'évêché
de Metz. Ajoutée à ses possessions de Tonnoy, et à sa
terre patrimoniale d'Haussonville dont il partageait la
seigneurie avec la famille de Lenoncourt, cette baronnie,
avec ses 10.000 hectares de forêts, ses droits sur Lorquin, ·
Saint–Quirin, Saint-Georges, Cirey et 14 autres villages,
avait élevé les barons d'Haussonville, à une situation qui
ne le cédait en rien à celle des anciens comtes de Blà-
mont, disparus en 1507 (2).

Jean II et sa femme, Ermanson d'Autel, furent donc de
très grands seigneurs. Ils avaient fondé à Haussonville
un hôpital, une chapelle devenue plus tard l'église du
village et surtout une collégiale de cinq chanoines, dont
les prébendes demeurèrent jusqu'en 1790 à la disposition
de leurs descendants.

Il est également probable qu'ils firent, sinon bâtir, du
moins restaurer et embellir le vieux manoir dont les

(1) *M. S. A. L.*, 1859, p. 306 et 328 : *Chronique du doyen de Saint-
Thiébaut*, dans CALMET, 2ᵉ édit., t. V, preuves, col. 57.
. (2) Turquestein, ancienne Meurthe, aujourd'hui Moselle, arr.
Sarrebourg ; Tonnoy, cant. Saint-Nicolas ; Haussonville, cant. Bayon.

mâchicoulis et les hautes toitures se dressent encore au centre du village.

C'est leur petit-fils, Jean III, et sa femme Catherine de Heu, qui firent élever l'hôtel de Nancy, ainsi qu'une chapelle dans leur château de Turquestein. Tous deux sont inhumés dans l'église d'Essey, dont ils étaient également seigneurs. Leurs pierres tombales portent les dates de 1543 et 1571 (1).

Balthazar II leur fils, qui épousa Catherine de Salm, occupa également les plus hautes charges à la Cour de Charles III. Il eut l'idée singulière de composer pour la postérité, une sorte d'épitaphe qu'il destinait peut-être à l'ornementation de sa tombe. C'est une plaque de cuivre sur laquelle sont fondus, en caractères gothiques, vingt vers qui rappellent complaisamment les dignités auxquelles l'avaient élevé les faveurs du duc Charles III. On ignore si cette plaque fut réellement placée sur sa tombe; mais, à une époque inconnue, elle fut fixée au mur de l'une des galeries sculptées de l'hôtel, où elle est restée jusqu'à nos jours, en dépit des vicissitudes que cette maison a subies au cours des siècles.

> Riche de biens et en honneurs prospère,
> fut Sénéchal de Lorraine mon père
> qui en mourant de ce monde passa
> en l'aage vieil, et jeune me laissa
>
> Balthazar fils du sang de Haussonville :
> qui pour avoir la conduite virile
> et pour au fait de la guerre pourvoir,
> fut établi du prince en mon devoir.
>
> Mon prince aussi chef me fit être
> de son conseil, de son hôtel grand maître,
> aussi en biens et honneurs élevé,
> à le miel temps de ma course achevé.

(1) *M. S. A. L.*, 1868, p. 300, et 1886, p. 141-146 et 188-192.

> Exemple à toi qui sur ma sépulture
> viens en passant lire cette écriture,
> pour te montrer qu'à tout homme ainsi court,
> son aage entier pour un passage court,
>
> Et que les biens, les honneurs, les provinces,
> le nom, la race et la faveur des princes,
> vont de la mort, s'évanouir au point,
> Dieu seul est Dieu qui aux biens ne fault point.

Balthazar mourut vers 1565, sans laisser d'enfants. Mais il avait eu deux sœurs dont l'une, appelée Claude, devenue épouse puis veuve de Gaspard de Marcoussey, survécut à son mari et à son frère jusqu'en 1595.

C'est du vivant de cette douairière, que fut consommé, en 1567, le démembrement de l'antique seigneurie de Turquestein, demeurée depuis 1433, c'est-à-dire pendant 133 ans, indivise entre tous les descendants de Jean II d'Haussonville. A ce moment, le chef de la famille, *African*, avait fixé sa résidence au château de Zouffal (le hasard), près de Lorquin, chef-lieu de cet immense domaine. Demeuré le seul représentant mâle de la famille, il lui fallut enfin faire la part des descendants de ses deux oncles Gaspard et Simon. Le domaine forestier fut donc divisé et partagé (1).

Le premier lot, dit d'Haussonville, demeura naturellement à African, chef de la famille, héritier du nom et des armes ; et après lui à son fils, Jean IV, qui n'ayant pas d'enfant mâle, le légua à Nicolas de Nettancourt, un de ses neveux.

Le second lot, dit de Châtillon, fut la part attribuée aux filles de Gaspard, entrées par mariage dans les familles du Châtelet et de Nettancourt. Il est resté jusqu'à

---

(1) Une copie authentique du partage existe aux archives, H. 1450. Voir aussi B. 1264 et 1289. Lorquin, ancienne Meurthe, aujourd'hui Moselle, arr. Sarrebourg.

nos jours aux mains de la famille Regnault de Châtillon.

C'est le troisième de ces lots, désigné dans le partage : *lot de Marcoussey*, qui échut à cette sœur de Balthazar, devenue, comme nous l'avons dit, dame de Marcoussey, par son mariage avec un cadet de cette maison.

Marcoussey (1) ou Marcoussy, est une localité des environs de Rambouillet, canton actuel de Limours. Les biens que cette famille possédait déjà en Lorraine, furent ainsi réunis à ceux que Claude d'Haussónville reçut personnellement dans les partages de Turquestein, ainsi qu'à l'hôtel de Nancy, qu'elle tenait de son père Jean III et de son frère Balthazar.

Elle resta donc fixée en Lorraine, habita probablement Nancy, et sûrement le manoir d'Haussonville. Sa sépulture existe encore dans l'église du lieu (2).

Le nom de Marcoussey subsista pendant quelques années, puis s'éteignit avec le dernier représentant de la branche aînée, François, qui fut tué en duel en 1621.

Mais la terre d'Haussonville, que la veuve de Gaspard de Marcoussey tenait de ses propres aïeux, passa après sa mort à sa fille, puis à sa petite-fille, Gabrielle d'Avershoult, qui vers 1621 l'apportait en mariage à Claude de Cléron, baron de Saffre, gentilhomme franc-comtois. Celui-ci, attiré en Lorraine par son mariage, vint se fixer à Haussonville, et en 1621 releva le nom de cette antique baronnie, tombée en quenouille. Avec le nom, il en reprit les armes, et ses descendants les ont portées jusqu'à nos jours (3).

(1) Dom Pelletier, *Nobiliaire*, p. 172.

(2) *Notice sur Haussonville*, par l'abbé Paquatte. Metz, 1895, in-8, p. 61 et 185.

(3) Lionnois, *Essai sur la ville de Nancy*, p. 264. Les armes d'Haussonville étaient *d'or à la croix de gueule frettée d'argent ;* les armes de Saffre-Haussonville sont : *de gueules à la croix d'argent, cantonnées de 4 croix fleuronnées de même* (Haussonville) *et sur le tout 5 aiglettes d'argent posées en sautoir* (Saffre).

II

Nous avons dit que la maison de Saffre ne posséda
jamais que les 3/4 de la terre d'Haussonville, le surplus,
depuis le XIIe siècle, n'ayant cessé d'appartenir à la
famille de Lenoncourt, dont les aînés conservèrent toujours leurs droits anciens sur la collation des prébendes
du chapitre.

Ces complications, nées d'une indivision qui s'était,
selon l'usage du temps, prolongée durant de longues
années, n'affectèrent pas l'hôtel de Nancy. Bâti seulement
au XVIe siècle, il ne faisait pas partie des possessions
anciennes de la famille (1). Jean III, nous le savons déjà,
n'en avait commencé la construction qu'en 1545. Il était
sa propriété personnelle, en ayant acquis le terrain
en 1528, au prieuré Notre-Dame, dont les bâtiments et la
chapelle occupaient le côté nord de la place du même
nom, depuis place de l'Arsenal.

Le nouvel hôtel s'éleva donc du côté opposé au prieuré.
Sa porte principale, construite, paraît-il, à la moderne (2)
s'ouvrait directement sur la place. On voit encore dans
les anciennes dépendances l'arcade d'une grande porte
cochère dont le style accuse une époque postérieure à la
construction du bâtiment principal. Elle permettait
l'entrée des voitures dans la cour d'honneur qui donnait
également sur la rue de l'Abbé-Trouillet, par un mur
percé d'une porte aux armoiries de Jean d'Haussonville
accolées à celles de sa femme Catherine de Heu. Cette

---

(1) Abbé PAQUATTE, *Notice sur Haussonville*, p. 152, et LEPAGE,
Communes de la Meurthe, t. I, p. 378. Voir aussi le recueil de documents sur l'*Histoire de Lorraine*, 1859, 3e partie, et dans le même
volume, les remarques de Pierre VUATRIN, p. 42-57.

(2) COURBE, *Les rues de Nancy*, t. IV, p. 6-7 ; PFISTER, *Hist. de
Nancy*, t. II, p. 283.

porte a malheureusement disparu avec le mur en question, qu'une grille remplace depuis longtemps déjà (1).

Cette portion de rue portait autrefois le nom bizarre de rue Roboam. Elle fut, pendant la Révolution, la rue de l'Indivisibilité, puis la rue du Point-du-Jour, jusqu'au moment où pour honorer la mémoire demeurée si populaire de l'intrépide constructeur de Saint-Epvre, la municipalité lui donna le nom qu'elle porte aujourd'hui. C'était justice, puisque Mgr Trouillet avait fait de l'hôtel d'Haussonville sa résidence et le presbytère de sa paroisse, et qu'il y est mort en 1887.

(A suivre) E. AMBROISE.

BIBLIOGRAPHIE

— Brunot (Ferdinand), *Histoire de la langue française des origines à 1900.* T. IX, la Révolution et l'Empire. 1re partie : Le français langue nationale. Paris, Colin, 1927, gr. in-8º de xvi-646 p., avec vingt cartes.

M. Ferdinand Brunot étudie à la fois, dans sa monumentale *Histoire de la langue française*, l'histoire *interne* de la langue, c'est-à-dire l'évolution des sons, des formes grammaticales, etc., et l'histoire *externe*, celle de l'extension de la langue française dans les pays étrangers et, en France même, dans les provinces où le français de Paris n'est pas la langue maternelle de nos compatriotes.

Le t. IX porte sur une période particulièrement intéressante. Pendant la Révolution, l'idée se précise qu'à une nation une il faut une langue unique ; Vaublanc écrira en 1806 : « Il est certain que c'est la langue qui fait la patrie. » La question de la langue, jusque-là négligée par les divers gouvernements, devient une affaire d'État.

(1) R. DE SOUHESMES, *Répertoire archéologique*, dans *M. S. A. L.*, 1899.

Le savant livre de M. Ferdinand Brunot intéresse la Lorraine à un double point de vue : d'une part, c'est un Lorrain, l'abbé Grégoire, le célèbre curé d'Emberménil, qui a été le principal ouvrier de la croisade pour la propagation du français dans toute la France. Il est souvent question de Grégoire dans le gros livre de M. Brunot. D'autre part, la Lorraine est une province bilingue. M. Brunot signale au début de la Révolution un effort pour faire pénétrer jusqu'au peuple les idées nouvelles par des traductions en langue allemande de décrets ou de libelles. Puis la langue française se répand : en l'An XI, elle était familière aux deux tiers des Lorrains de langue française, alors qu'elle était presque inconnue au commencement du siècle ; son usage s'étend même dans les régions de langue allemande (p. 416-417). Le chapitre intitulé « Un département modèle » (p. 518-522) est consacré tout entier au département de la Moselle.

La limite du français et de l'allemand sous le Premier Empire est étudiée d'après des documents officiels : de bonnes cartes, très claires, accompagnent les listes de villages de langue française ou allemande (Moselle, p. 573-576 ; Meurthe, 576-578 ; Vosges et Bas-Rhin, 578-584 ; Haut-Rhin, 584-585).

L'excellent travail de M. Ferdinand Brunot, qui est d'une importance considérable pour l'histoire de notre langue, est donc particulièrement intéressant pour les Lorrains.

CHRONIQUE

Versements de membres perpétuels

Ont versé la somme de 200 francs dans les conditions indiquées à la délibération du 8 avril 1891 et sont, en conséquence, devenus membres perpétuels de la Société :

MM. Dorlodot (baron de), château de Floreffe, province de Namur, Belgique;

Dumast (Maxime Guerrier de), 38, place de la Carrière, Nancy;

Heymonet-Quintard, 4, place Carnot, Nancy;

Mirman (Léon), 12, rue Vineuse, Paris, XVIe.

Congrès de la Fédération historique lorraine

La Société d'archéologie lorraine fait partie de cette Fédération qui s'est constituée à Nancy le 24 juin 1926 et dont il a été souvent question dans nos séances mensuelles. L'article 8 de ses statuts prévoit un congrès provincial tous les ans et la Fédération a tenu cette année le premier de ces congrès qui s'est réuni à Sarrebrück, sur la proposition d'une jeune et active Société française, entrée elle aussi dans le groupement, la Société des amis des pays de la Sarre. Il a duré deux jours, le dimanche 3 juillet et le lundi 4.

La Société d'archéologie lorraine était représentée à ce congrès par plusieurs de ses membres : de Nancy étaient venus MM. Robert Parisot, président de la Fédération, Bruneau, Gain, Sadoul, Hottenger, Bouchot, Braesch, Duvernoy; de Metz, M. d'Arbois de Jubainville; de Sierck, M. Florange; de Strasbourg, MM. Grenier et Zeller.

A la séance du dimanche matin est tout d'abord posée cette question : où et quand se tiendra le congrès de 1928 ? Après discussion, il est décidé, sauf approbation des sociétés locales, de le tenir à Nancy pendant les congés de la Pentecôte, M. Parisot demande ensuite si la Fédération ne voudrait pas aider la Faculté des lettres de Nancy à reprendre la publication des *Annales de l'Est*, interrompue depuis 1910. L'entreprise a semblé trop lourde à l'Assemblée, qui par contre s'est montrée favorable à une proposition de M. Gain de donner pour organe officiel à la Fédération les *Cahiers lorrains* qui paraissent à Metz tous les mois et étendraient donc, comme leur titre les y invite, à toute la Lorraine une action limitée jusqu'à présent aux sociétés messines.

M. Bouchot, trésorier, expose la situation financière de la Fédération et M. Braesch rend compte du Congrès national d'histoire qui a été organisé à Paris au mois d'avril par le Comité français des sciences historiques.

M. Gain fait une communication sur Adolphe de La Salle, né à Sarrelouis en 1762, représentant de cette ville aux États généraux de 1789 et cousin du futur général de cavalerie tué à

Wagram. M. Duvernoy parle des travaux que firent à diverses reprises les ducs de Lorraine, puis le roi Louis XVI pour rendre la Sarre navigable.

Le même jour, à la séance du soir, M. Lignot signale une exportation de moutons de la Sarre en Champagne au XVIII° siècle. M. Braye commente une lettre de Gossin en 1787 sur les assemblées de notables. M. Sainte-Claire-Deville analyse les mémoires d'un bourgeois de Sarrebrück sur l'occupation de cette ville par les troupes françaises en 1792-93. M. Hottenger traite de l'impôt sur le sel sous l'Ancien Régime en Lorraine. Et après le banquet, on entend encore une conférence de M. Sadoul sur la cuisine lorraine.

Deux grandes excursions furent faites en automobile : le dimanche à Saint-Arnual, où l'on vit les tombeaux des anciens comtes de Nassau-Sarrebrück, dont l'un avait épousé une princesse lorraine, et à Bliescastel où subsistent d'intéressants édifices civils et religieux ; le lundi à Mettlach où, dans un site très pittoresque, s'élevait une antique abbaye bénédictine, dont les bâtiments sont occupés maintenant par une importante faïencerie, avec au premier étage un très riche musée de la céramique de tous les temps et de tous les pays, puis à Vaudrevange et à Sarrelouis.

Ces excursions fort intéressantes et auxquelles prirent part une quarantaine de personnes étaient parfaitement organisées et on n'eut pas le moindre incident, pas la plus petite panne. Les repas n'étaient pas moins bien réglés ; il y avait environ 60 personnes au déjeuner du dimanche, 90 personnes au banquet du soir et la cuisine était excellente et bien française. Le tout faisait grand honneur à la Société des amis de la Sarre qui avait préparé le congrès avec un soin extrême et dont les membres accueillirent les congressistes de la manière la plus gracieuse. Des liens d'amitié se formèrent là qui dureront sans aucun doute. Et par ce congrès si réussi et si nombreux, la Fédération historique lorraine a affirmé sa vitalité.

É. DUVERNOY.

Note de M. Léon Mirman

M. Léon Mirman, conseiller d'État, préfet de Meurthe-et-Moselle au cours de la guerre 1914-1918, vient de faire don à la Société d'archéologie lorraine et du Musée historique lorrain d'une importante série de lettres, reçues par lui pendant la guerre, de notabilités américaines.

Il a bien voulu joindre à cet envoi une notice expliquant l'origine de cette correspondance.

Nous reproduisons cette notice en renouvelant à notre éminent confrère, membre perpétuel de la Société, l'expression de notre vive reconnaissance :

« SOUSCRIPTIONS AMÉRICAINES.

« Dans le courant de 1915 je reçus une lettre d'une importante Revue de Boston, *The Atlantic Monthly*, me demandant un article sur les épreuves subies du fait de la guerre par les populations lorraines. J'écrivis hâtivement cet article et l'envoyai à Boston. Quelques mois se passèrent. Je n'y pensais plus depuis longtemps lorsque, fin novembre, je reçus par le même courrier tout un lot de lettres venant des États-Unis ; mes correspondants faisaient allusion à un article paru la veille dans l'*Atlantic Monthly* et m'envoyaient, avec un témoignage de sympathie pour la France, un chèque pour mes administrés, chèque dont ils me laissaient entière disposition. Je répondis bien entendu à toutes ces lettres. A partir de ce jour une correspondance régulière s'établit. Mon courrier avec les États-Unis devint de mois en mois plus important. Il me prenait en moyenne une heure par jour. J'écrivais de longues lettres destinées à faire connaître là-bas le vrai visage de la France et la mentalité boche. Mes lettres — d'après mes correspondants — étaient communiquées à un grand nombre de personnes. Les souscriptions affluèrent. En 1917, plusieurs de mes premiers souscripteurs vinrent en France ; ils ne manquèrent pas de visiter Nancy, je les reçus et leur montrai nos villages sinistrés et les installations provisoires de nos réfugiés. En particulier notre caserne Molitor avec ses écoles — et spécialement l'École ménagère installée dans l'usine Knorr séquestrée et dirigée par Mlle Grunfelder sous le patronage actif de Mme Mirman — excitait leur très vive sympathie.

« On trouvera ici ce numéro de novembre 1915 de l'*Atlantic Monthly* contenant sous le titre « The bitter experience of Lorraine » mon article initial ; on trouvera la liste de mes donateurs, la liste des souscriptions, la plupart de mes pièces de comptabilité : on trouvera aussi la plupart des lettres reçues par moi.

« Ces lettres constituent un document de haute valeur pour qui voudra étudier sur le vif la formation et l'évolution du « sentiment américain » de 1915 à 1918. Si ces lettres sont quelque jour dépouillées par un lecteur patient et curieux, je lui promets de hautes satisfactions. Entre dix autres observations celle-ci ne lui échappera point : avant que les États-Unis fussent entrés dans la guerre à nos côtés, plusieurs de mes correspondants appréciaient avec rudesse le président Wilson ; ils lui reprochaient son inertie, ils me demandaient ce que nous pouvions penser en France de cette « neutralité ». Loin d'abonder dans leur sens, j'eus soin, dans mes lettres, de témoigner une profonde déférence à l'égard du Président, de déclarer que nous ne nous permettions pas de le juger, que nous comprenions même son embarras, ses hésitations, et qu'avec confiance, nous attendions. Et ceux de mes correspondants qui avaient été les plus véhéments contre Wilson, me répondirent combien ma réserve, ma « discrétion française » les avait touchés. Si j'avais commis la faute de parler de leur Président sur le ton qu'ils employaient eux-mêmes, je les aurais gravement froissés.

« Je suis sûr que plus tard, dans trente ou cinquante ans, l'analyse de ces lettres émanant en général d' « intellectuels » américains offrira un vif intérêt. Je confie donc ces documents au Musée lorrain.

« Paris, le 1er juin 1927.   L. MIRMAN,
ancien préfet de Meurthe-et-Moselle
(Août 1914-Novembre 1918). »

Pour la Commission de rédaction, le Président : E. DES ROBERT.

L'imprimeur-gérant: A. HUMBLOT, 21, rue Saint-Dizier, Nancy.

Bulletin mensuel

DE LA

SOCIÉTÉ D'ARCHÉOLOGIE LORRAINE

ET DU

MUSÉE HISTORIQUE LORRAIN

22ᵉ ANNÉE. — Nᵒˢ 10-12. — OCTOBRE-DÉCEMBRE 1927.

Procès-verbal de la séance du vendredi 8 juillet 1927

Présidence de M. Edmond DES ROBERT, président.

Le procès-verbal de la dernière séance est lu et adopté.

Communications

M. le Président expose que le projet, formé il y a quelques années, d'élever un monument sur la place de la Croix-de-Bourgogne pour commémorer la bataille de 1477 a été repris récemment et que le Comité a ouvert une souscription. Il est décidé de souscrire 100 francs au nom de la Société d'archéologie lorraine, l'état des finances de la Société ne lui permettant pas de faire davantage.

Il rend compte de la cérémonie d'inauguration d'une plaque commémorative sur la maison de la rue de la Ravinelle qu'habita Maurice Barrès, étudiant à l'Université de Nancy, cérémonie qui a eu lieu la veille.

Il entretient la Société de l'excursion archéologique qui doit être faite à la fin du mois à Pont-à-Mousson et qu'organise le Comité d'initiative de cette ville. La date et l'heure en seront annoncés par les journaux.

MM. E. Duvernoy et R. Parisot rendent compte du premier Congrès de la Fédération historique lorraine qui a été tenu cette année à Sarrebrück les 3 et 4 juillet et dont le succès a été grand. A ce Congrès, il a été décidé que le Congrès de 1928 se tiendra à Nancy vers la Pentecôte. En ce qui la concerne, la Société d'archéologie lorraine accepte cette désignation.

Nécrologie

Il est donné avis de la mort de M. Lumereaux, décédé le 15 juin 1927.

Admissions

Sont admis comme membres titulaires de la Société : Mlle Marthe CHENUT, MM. Maurice ANDRÉ, Victor COLLIN, René MARCHAL.

Présentations

Sont présentés en la même qualité : MM. **Delorme,** médecin inspecteur général de l'armée du cadre de réserve, membre et ancien président de l'Académie de médecine, à Bonneval-Frescati, Lunéville, par MM. Edmond des Robert, Charles Bruneau et le colonel de Conigliano; **Didier** (Georges), 12, rue d'Alliance, par MM. Edmond des Robert, Charles Bruneau et André Gain; **Dorlodot** (baron de), château de Floreffe, province de Namur, Belgique, par MM. Edmond des Robert, Germain de Maidy et le comte d'Hennezel d'Ormois; **Dumast** (capitaine Maxime Guerrier de), 38, place de la Carrière, par MM. Edmond des Robert, Marcel Maure et le baron de Dumast; **Frébillot** (Jean), directeur de l'Agence centrale de la Société nancéienne, 7, rue Baron-Louis, par MM. Edmond des Robert, Charles Bruneau et André Gain; **Grandjean** (Alfred), juge du Tribunal, 127, rue Saint-Dizier, par MM. Remy, Charles Sadoul et Paul Laprevôte; **Heymonet-Quintard,** 14, place Carnot, par MM. Edmond des Robert, Charles Bruneau et André Gain; **Jadelot** (Pierre), boulanger à Vézelise, par les mêmes; **Mirman** (Léon), conseiller d'État, 12, rue Vineuse, Paris (XVIe), par les mêmes; **Poncelet** (Roger), libraire, 3, rue des Carmes, par MM. Paul Chenut, Charles Sadoul et le comte de Mahuet; **Worms** (Léon), 7, rue du Pont-Mouja, par MM. Émile Duvernoy, René Wiéner et Charles Sadoul.

Conformément à l'usage, avant de se séparer pour les vacances, la Société est immédiatement consultée sur l'admission de ces membres qui est prononcée à l'unanimité.

Ouvrages offerts à la Société

M. Georges Hottenger présente *L'agriculture dans le département de la Meurthe en 1927*, Nancy, Imprimerie lorraine, 1927, in-8 de 260 p. avec carte, ouvrage collectif publié par l'Office régional agricole de l'Est et auquel il a collaboré; puis son ouvrage *L'ancienne industrie du fer en Lorraine*, Nancy, [1927], grand in-8 de VIII-207 p., publié par la Société industrielle de l'Est.

Lectures

M. E. Duvernoy lit un travail de M. Pierre Marot, intitulé : *Intervention de Charles VII en Lorraine en 1450.* L'impression de ce travail dans les *Mémoires* est votée et MM. Robert Parisot, Paul d'Arbois de Jubainville et E. Duvernoy sont désignés pour former la Commission de revision.

La Société décide également l'impression dans les *Mémoires* du travail de M. Georges Hottenger, sur *Les salines de la Meurthe pendant la Terreur*, lu dans les précédentes séances et désigne MM. André Gain, Braesch et Albert Troux pour former la Commission de revision.

M. des Robert donne connaissance à la Société d'une lettre de M. Mirman accompagnant une notice explicative des documents relatifs à la guerre qu'il a offerts à la Société, notice publiée plus loin.

Il lit des *Recherches* de M. Léon GERMAIN, *Sur Bertrand Lhoste anobli en 1554 et sur sa postérité*. L'impression de ce travail dans les *Mémoires* est votée et MM. le comte de Mahuet, Marcel Maure et baron de Dumast sont désignés pour former la Commission de revision.

Procès-verbal de la séance du vendredi 14 octobre 1927

Présidence de M. Edmond DES ROBERT, président.

Le procès-verbal de la dernière séance est lu et adopté.

Communications

M. le Président souhaite la bienvenue à M. Pierre Marot, le nouvel archiviste de Meurthe-et-Moselle, présent à la séance.

La Société a effectué une excursion à Pont-à-Mousson, elle a été représentée à la visite des ruines de La Mothe organisée par la Société haut-marnaise.

Au Musée le nombre des visiteurs a été satisfaisant. A l'issue de leur visite, les membres du Congrès de l'Épicerie ont eu le beau geste de remettre une somme de cent francs pour la caisse du Musée ; un groupe de pèlerins, également après une visite commentée, a fait aussi don d'une somme de cent francs.

La Sauvegarde de l'Art français informe du succès de ses efforts pour préserver la maison de Claude le Lorrain à Chamagne. Un important subside a déjà été recueilli en Amérique.

Il sera ultérieurement rendu compte des fouilles effectuées à Bralleville sous les auspices de la Société. Les fondations d'une villa gallo-romaine située à quelque 700 m. du Madon ont été mises partiellement au jour. Les restes dé décoration témoignent.d'une réelle richesse, cette villa a été incendiée comme en témoignent dés débris de métal fondu.

Mme Alex-Bouchet a adressé des remerciements à l'occasion de son admission.

Nécrologie

Il est donné avis de la mort de M. Ch. Thiéry, 62, rue Isabey, décédé au mois d'avril dernier, de celle de M. Henri Vogt, directeur de l'Institut électrotechnique, décédé à Tours-sur-Marne, le 28 août, de celle de M. l'abbé Eugène Colin, ancien curé de Croismare, décédé à Nancy, le 31 août.

Présentations

Sont présentés comme membres titulaires de la Société : M. Edmond-Jean **Aimé**, 46, rue de Toul, à Nancy, par MM. Edmond des Robert, Charles Bruneau et André Gain; le général François **Bockenheimer de Bockenheim**, Traumgasse, 6, Vienne, III (Autriche), par les mêmes; MM. Roger **Colas**, 4, rue de la Chapelle, à St-Louis, Longwy (M.-et-M.), par les mêmes; Louis **Colin**, 4, rue du Passage-Inférieur, à Bar-le-Duc, par les mêmes; Victor **Humbert**, à Arnaville, par Mme la comtesse de Bucy, MM. Émile Duvernoy et Edmond des Robert; Roger **Kelbert**, vérificateur des Contributions indirectes, 21, boulevard d'Austrasie, par MM. Edmond des Robert, Charles Bruneau et André Gain; le général comte Raoul **de Lavaulx**, baron de Vrécourt, Argentinierstrasse, 64-8, Vienne, IV (Autriche), par MM. le maréchal Lyautey, le commandant de Montarby et Edmond des Robert.

Ouvrages offerts à la Société

Lectures lorraines publiées par la Société lorraine des Études locales dans l'Enseignement public. Préface du maréchal Lyautey. Nancy, Berger-Levrault, 1927, in-16, 319 p. (Offert par M. Robert PARISOT).

Origines et débuts de l'Industrie sedanaise (1577-1667). Nouvelles lettres à M. le Président de l'Union de l'Industrie textile sedanaise, par A. PHILIPPOTEAUX. Sedan, Suzaine, 1927, in-8°, 86 p.

Le Valet Noir, pièce légendaire en 5 actes et 7 tableaux, par M. POTTECHER, musique de Maurice Bagot (jouée au théâtre du Peuple, à Bussang). Paris, Librairie théâtrale, 1927, in-16, 102 p.

Académie des Sciences, Lettres et Beaux-Arts de Marseille. Deux siècles d'histoire académique (1726-1926). Notice publiée à l'occasion du bi-centenaire de l'Académie. Marseille, au siège de l'Académie, 1926, in-8°, 215 p.

Obituaire du Couvent des Dames du Petit-Clairvaux de Metz, par G. THIRIOT. Metz, les Arts Graphiques, 1927, 84 p. (Extrait de l'*Annuaire de la Société d'histoire et d'archéologie lorraine,* 1927).

Bibliographie générale des Travaux palethnologiques et archéologiques (Époques préhistorique, protohistorique et gallo-romaine), par Raoul MONTANDON. *France,* t. II. *Alsace, Artois, Champagne, Flandre, Ile-de-France, Lorraine, Normandie, Picardie.* Paris, Leroux, 1920, in-8°, 507 p.

Annuaire des Musées nationaux, 1927. Paris, Service de la réunion des Musées nationaux, 1927, in-8°, 128 p.

Le sceau du Couvent du Besloten Hof à Hérenthals, par Fernand DONNET. Anvers, Resseler, 1927, in-8°. (Extrait du *Bulletin de l'Académie royale d'archéologie de Belgique,* 1926, p. 163-168.)

Observations sur le sceau du Couvent « Het Besloten Hof » à Herenthals, par L. GERMAIN DE MAIDY. Anvers,

Resseler, 1927, in-8°. (Extrait du *Bulletin de l'Académie royale d'archéologie de Belgique*, 1926, p. 159-162.)

Procédés de la Gravure. Graveurs lorrains, par A. OHL DES MARAIS. St-Dié, Freisz, 1927, in-16, 56 p.

Les Gascons d'Armagnac au secours du duc René, par Louis Bossu. Paris, Picard, 1927, in-8°, 15 p.

La famille de Franckenberg, par Émile DIDERRICH, s. l., 1926, 8 p., in-8°.

Congrès des Sociétés savantes à Paris. Discours prononcés à la séance de clôture du Congrès, le samedi 23 avril 1927, par MM. J. TOUTAIN et Éd. HERRIOT. Paris, Imp. nat., 1926, in-8°, 20 p.

Un plagiat artistique, par D. U. BERLIÈRE. *Revue liturgique et monastique,* t. XII, 1927, p. 218.

Quête et Confrérie de saint Gérard pour l'achèvement de la Cathédrale de Toul d'après la Charte inédite de l'évêque Hector d'Ailly (1525), par l'abbé G. CLANCHÉ. Nancy, Humblot, in-8°, 66 p. ill.

Étude sur la Chronique de Lorraine, par Émile DUVERNOY. Nancy, Humblot, 1927, in-8°, 92 p.

Lectures

M. André Gain lit pour M. Léon GERMAIN DE MAIDY un travail intitulé : *Le colonel Hébron.*

M. Émile DUVERNOY lit un *Document sur Jacquard.*

M. Pierre MAROT lit une étude sur une *Généalogie inédite de René II, duc de Lorraine.*

Procès-verbal de la séance du vendredi 11 novembre 1927

Présidence de M. Edmond DES ROBERT, président.

Le procès-verbal de la dernière séance est lu et adopté.

Communications

M. des Robert fait part à la Société des mesures prises pour le renouvellement des cartes de membre titulaire et pour la distribution prochaine du volume des *Mémoires.*

La Société a reçu une lettre du président de la Fédération historique lorraine qui demande sous quelle forme la Société envisage la transformation des Cahiers lorrains en organe commun des Sociétés affiliées à la Fédération. Après un échange de vues, il est décidé :

1º De ne pas modifier le Bulletin propre de la Société d'archéologie ;

2º De donner aux Cahiers lorrains, dans une proportion et moyennant une rémunération à fixer, un communiqué mensuel établi par le secrétaire, relatant l'activité de la Société.

La Société sera représentée à la séance solennelle de rentrée des Facultés. Elle a accueilli la demande de collaboration faite par l'Office régional cinématographique.

La Ville de Nancy a refusé l'installation d'un poste téléphonique au Musée, mais elle a accepté le principe de prendre à sa charge la prime d'assurance sur l'incendie des objets conservés au Musée.

A la suite d'une visite au Musée des étudiants américains du cours de vacances, M. Bruneau a transmis à M. le Président, qui l'en remercie, une somme de 150 fr.

Nécrologie

Le docteur Gross, membre de la Société, est décédé au mois d'octobre, dans sa 84e année.

Admissions

M. Edmond-Jean AIMÉ, le général François BOCKENHEIMER DE BOCKENHEIM, MM. Roger COLAS, Louis COLIN, Victor HUMBERT, Roger KELBERT, le général comte Raoul DE LAVAULX, baron DE VRÉCOURT, sont reçus membres titulaires de la Société.

Présentations

Sont présentés en la même qualité :

Par MM. Charles Sadoul, Émile Duvernoy et Edmond des Robert : Mlle Renée **Godard**, 43, rue de la Ravinelle ; par MM. Braesch, Ch. Bruneau et Robert Parisot : M. Marcel **Bulard**, professeur d'archéologie et d'histoire de l'art à la Faculté des Lettres, 2, rue de l'Église, Malzéville ; par Mme la comtesse de Bucy, MM. Raymond et Edmond des Robert : M. le comte **O'Gorman**, villa O'Gorman à Pau (Basses-Pyrénées) ; par MM. Edmond des Robert, Charles Bruneau et André Gain : M. Robert **Schmitt**, à Mont-sur-Meurthe, par Blainville-sur-l'Eau (Meurthe-et-Moselle).

Ouvrages offerts à la Société

Autour des fouilles de Glozel, par René Dussaud. Paris, Colin, 1927, in-8°, 57 p.

Allée couverte de Men-Meur (Guilvinec-Finistère). Dolmen de Brunec (Archipel des Glénans), par M. et Mme Saint-Just Péquart. Quimper, Bargain, 1927, in-8°, 39 p.

Annuaire de l'Université d'Aix-Marseille 1927-1928. Livret de l'Étudiant. Aix, Roubaud, 1927, in-16, 348 p.

Renouvellement du Bureau

Conformément aux statuts, il est procédé à l'élection des membres du bureau soumis au scrutin annuel.

Nombre des votants : 16.

Ont obtenu : Président, M. des Robert, 15 voix, élu, un bulletin blanc ; Vice-président, M. Bruneau, 16 voix, élu ; Secrétaire annuel, M. Gain, 16 voix, élu ; Secrétaires-adjoints, M. Duvernoy, 16 voix, élu, M. Maure, 16 voix, élu. En conséquence la composition du bureau n'est pas modifiée.

Lectures

M. Edmond DES ROBERT lit la préface de son *Inventaire des sceaux du trésor des chartes de Lorraine et des séries E, G et H des Archives départementales de Meurthe-et-Moselle.*

La Société décide la publication de cet important travail et désigne pour former la commission de révision MM. Émile Duvernoy, Pierre Marot et Paul Laprevote. La commission des publications étudiera les moyens de faire paraître en même temps l'Inventaire dans la collection des documents publiés par la Société.

M. Pierre MAROT lit une communication sur *La date de là mort et le lieu de sépulture de Ferry II, duc de Lorraine.*

AVIS IMPORTANTS

I

Les membres de la Société sont priés de bien vouloir acquitter dès maintenant leur cotisation (quinze francs) au moyen d'un mandat chèque postal : Nancy, 43.02.

II

La carte annuelle tenant lieu de quittance et donnant accès gratuit au Musée sera ensuite à leur disposition au Palais ducal à Nancy où ils pourront la retirer.

Pour éviter un travail inutile, les cartes valables pour 1928 ne seront établies que pour les membres qui les auront retirées l'an passé ou qui exprimeront le désir de les recevoir par la poste (ils devront alors ajouter 0 fr. 50 à leur cotisation ou joindre un timbre de même valeur à leur demande).

III

Nous rappelons qu'un moyen très simple d'être déchargé du souci d'un paiement annuel est l'inscription comme MEMBRE PERPÉTUEL, qualité qui s'acquiert par le versement unique d'une somme de 200 francs.

IV

Le volume LXVII des *Mémoires* (années 1926-1927) sera bientôt mis en distribution. Les membres de la Société pourront le retirer ou le faire retirer au Palais ducal sur présentation du reçu postal ou de la carte annuelle.

Ceux qui désireront le recevoir à domicile sont priés d'envoyer au trésorier la somme supplémentaire de 2 fr. pour la France, et de 5 fr. pour l'étranger, frais de port qu'ils pourront joindre à l'envoi de leur cotisation.

La modicité de la cotisation annuelle et l'élévation des tarifs postaux ne permettent point à la Société d'assumer la charge de l'expédition des volumes.

La liste de tous les membres figurera à la fin du volume annoncé des *Mémoires*.

La commission des publications sera reconnaissante qu'on veuille bien lui signaler les erreurs ou omissions qui auraient pu se glisser dans cette liste.

La Société d'archéologie lorraine et du Musée historique lorrain vient de faire une perte cruelle en la personne de M. Léon GERMAIN DE MAIDY, son secrétaire perpétuel. Né à Sarrebourg le 17 août 1853, il s'était établi à Nancy et était entré à la Société d'archéologie lorraine dès 1876 et au comité du Musée en 1878 ; bibliothécaire adjoint en 1877, bibliothécaire en 1882, il fut élu secrétaire perpétuel en 1892 et exerça cette charge pendant 35 ans, jusqu'à son décès survenu, à Nancy, le 9 novembre 1927.

Membre de l'Académie de Stanislas, président d'honneur de la Société des naturalistes et archéologues du Nord de la Meuse, correspondant des Monuments historiques, inspecteur de la Société française d'archéologie, officier de l'Instruction publique, titulaire de divers ordres étrangers, il était membre associé ou correspondant de nombreuses sociétés savantes.

La Société désirant rendre à sa mémoire l'hommage qui lui est dû a décidé de rédiger non seulement une notice biographique de son regretté secrétaire perpétuel, mais encore d'y joindre une bibliographie de ses œuvres, aussi complète que possible. L'incroyable fécondité (1) de notre collaborateur défunt rendra les recherches longues et difficiles. Aussi le travail que nous annonçons dès maintenant ne pourra-t-il paraître, non pas dans le volume des *Mémoires* qui sera mis bientôt en distribution, mais dans celui qui portera le millésime : 1928-1929.

(1) Toutes indications d'articles parus dans des revues ou journaux étrangers à la Lorraine sous la signature de M. Germain seront accueillies avec reconnaissance.

MÉMOIRES

L'Hôtel d'Haussonville à Nancy

(*Suite et fin*)

La famille Cléron de Saffre, comme la maison d'Haussonville, occupa les plus hautes situations auprès des ducs de Lorraine, Charles IV, Léopold et Stanislas (1). Mais lors de la réunion définitive de la Lorraine à la France, Bernard Cléron d'Haussonville, ayant été pourvu d'une charge à la cour de Louis XV, quitta la Lorraine sans esprit de retour, et s'établit au château de Gueurcy ou Gueurchy, près de Provins, que sa femme lui avait apporté en mariage (2). Il devint ainsi à peu près étranger à la ville de Nancy, mais non à la Lorraine, puisque, comme seigneur d'Haussonville, et collateur des prébendes de la Collégiale, il ne cessa pas d'intervenir dans la nomination des chanoines. On trouve également le nom d'Haussonville parmi les dignitaires et chanoinesses des chapitres nobles de Lorraine et plus spécialement de celui de Bouxières-aux-Dames (3).

Toutefois le départ du comte d'Haussonville eut pour conséquence presque immédiate la vente de son hôtel. Il passa aux mains et prit le nom d'une autre maison de vieille souche lorraine.

III

Antoine-Bernard des Armoises, qui en fut l'acquéreur, devenait bientôt après, par l'effet d'une donation, seigneur

(1) Thiéry et Mougenot, *Les maisons du vieux Nancy*, p. 26 ; *J. S. A. L.*, 1863, p. 23.

(2) Abbé Paquatte, *Notice sur Haussonville*, p. 62.

(3) Charlotte-Louise de Cléron d'Haussonville ; Marie-Victoire d'Haussonville ; Ambroise-Gabrielle-Didier de Gueurchy ; Émélie-Françoise-Louise d'Haussonville, etc. *M. S. A. L.*, 1859, p. 288.

et marquis d'Aulnois. Mais, dès 1768, il mourait prématurément, ne laissant comme dernière survivante de sa
famille que Françoise-Catherine des Armoises d'Anderny,
cousine éloignée qui vécut jusqu'à 84 ans. Elle disparut
en 1790, alors que déjà depuis 18 ans (1772) et à la suite
de curieux incidents judiciaires, le marquisat et les autres
biens de la famille, avaient de nouveau été dispersés.

La vieille maison de Balthazar d'Haussonville échut
alors à M. Durand de Silly, chevalier, major des ville et
citadelle de Nancy, chevalier de l'ordre royal et militaire
de Saint-Louis (1). Les seigneurs de Silly, bien qu'ils
aient laissé peu de souvenirs en Lorraine, étaient d'ancienne noblesse. Ils avaient des terres aux environs de
Coussey (2), Lesménils, Saint-Remy; et depuis 1654, la
possession à titre de gagère du village de Jeandelaincourt. En outre, en 1724, le village de Malleloy avait été
érigé en comté au profit de l'un d'eux, Edmond, conseiller d'État et chambellan du duc Léopold. Henri, qui suc-
cédait à Nancy aux des Armoises, était entré en 1754, par
son mariage avec Marie-Élisabeth Dumesnil, dans une
famille connue, qui possédait héréditairement la seigneu-

(1) Silly-en-Saulnois est une localité des environs de Metz (canton
de Verny), mentionnée sous le nom de Ceilly (PERRIN DE DOMMARTIN,
Le Héraut de Lorraine) en 1654. Dès cette époque, elle appartenait
aux héritiers de Louis Durand, seigneur de Jandelincourt en partie.

La famille Collignon, qui possédait des parts de cette même seigneurie, et que plusieurs alliances avaient unie à la famille Durand,
avait pris aussi le nom de Silly, sous lequel elles étaient connues
toutes deux à la fin du xviii° siècle.

Silly ou Ceilly, portait : *gironné de gueules et d'argent de seize
pièces, sur le tout d'argent.*

La famille Durand portait : *tranchée de gueules et d'or, à la fasce
d'azur, accompagnée de 2 léopards contre-passant, celui du chef
d'argent, et l'autre de gueules.*

La famille Collignon portait : *d'azur au sautoir d'argent cantonné
de 4 besans d'or.* (Renseignements obligeamment fournis par M. E.
des Robert).

(2) Coussey, Vosges, arr. Neufchâteau. Hoëville, cant. Lunéville-
nord, Malleloy, arr. Nancy, cant. Nomeny.

rie de Hoëville. Lors du départ du duc François III pour la Toscane en 1737, Alexandre Dumesnil s'était fixé à Florence, et était parvenu à obtenir la charge de général major des troupes impériales en Toscane.

Il y avait même attiré deux de ses neveux, Joseph-Hyacinthe Dumesnil, frère de madame de Silly, capitaine au service d'Empire, qui devint en Italie évêque de Volterre, et l'abbé Louis-Gabriel de Laugier, fils de son autre nièce, Anne-Charlotte, dont le mari, seigneur du fief de Belcourt à Remoncourt, périt sur l'échafaud en suite d'une condamnation du tribunal révolutionnaire de Nancy (1).

Le mariage de M. de Silly avec Mlle Dumesnil nous conduit aux dernières années du xviiie siècle. Cinq enfants leur étaient nés. Dans les archives de l'époque révolutionnaire, nous retrouvons deux d'entre eux, François et Georges, qualifiés ex-officiers. Ils furent portés en 1792 sur la liste des émigrés, et trois ans après, le 18 janvier 1795, leur maison de la ville vieille, portant alors le n° 86 de la rue de l'Indivisibilité, était jetée sur le marché de la spéculation et mise aux enchères comme bien d'émigrés (2).

IV

L'acquéreur fut Sigisbert Lagutaire, entrepreneur de bâtiments. Il achetait pour revendre, et voulait profiter des longs délais impartis pour le paiement du prix, qui ne fut entièrement versé dans les caisses du Trésor qu'en 1811. Aussi, dans l'intervalle, et dès le 25 fructidor (10 septembre 1793), Lagutaire avait cédé son acquisition à David Bourgeois, horloger. Toutefois, fantaisie étrange

---

(1) Voir *Les derniers seigneurs du district de Blâmont* dans *Mém. Acad. de Stanislas*, 1913-14. — Jeandelaincourt, arr. Nancy, cant. Nomeny. — Remoncourt, arr. Lunéville, cant. Blâmont.

(2) Ces détails sur les familles de Silly et Dumesnil sont tirés du fonds lorrain de la Bibliothèque de Nancy, ZZ 173, 2 et 3.

mais fort avisée, il s'était réservé la fontaine monumentale, contemporaine de la construction, dont elle est à la
fois l'ornement et le complément nécessaire. Sa veuve ne
consentit à s'en défaire au profit de Bourgeois que le
8 prairial an IV (27 mai 1796).

Amable-Laurent Bourgeois, fils de David, et sergent au
régiment colonial, vendit la maison, le 6 juin 1807, à un
autre entrepreneur de bâtiments, Dominique Burtin, qui
par lui-même ou ses enfants, en jouit jusqu'en 1821. Elle
fut alors achetée, pour 16.000 francs, par Marie-Timothée-
François Leclerc de Landremont, ancien fabricant de
papiers peints (12 octobre 1821, puis, en 1840, par Cordier,
avoué au tribunal de Nancy, qui la conserva jusqu'en 1849.

Au cours de cette longue période de 70 ans, écoulée
depuis l'exode de la famille de Cléron, l'hôtel devait subir
de graves et nombreuses mutilations. Voué par ses nouveaux maîtres à des usages purement utilitaires, il perdit
peu à peu son cachet d'élégance et de noblesse. De toutes
ses cheminées qui, comme dans maints châteaux de la
même époque, avaient un caractère monumental, il n'est
resté que celle de la cuisine. Des niches banales, des cheminées modernes les ont remplacées. Les fenêtres maintenant
garnies de lourdes persiennes extérieures, ont été dépouillées de leurs meneaux de pierre et de leurs frontons,
utilisés sans doute ailleurs. Des trumeaux, des glaces,
des lambris ont disparu. Il en reste seulement ce que la
solidité des murailles et des poutrages a pu défendre
contre les outrages de ce vandalisme pratique. Des plafonds, en tout semblables à ceux que l'on admire dans
certains châteaux de la Loire, ont été copieusement
modernisés dans le goût du jour par l'empâtement, sous
d'épaisses couches de plâtre, de leurs fines poutrelles. Ce
fut, pour la vieille demeure de Balthazar d'Haussonville,
la déchéance et l'abandon.

V

Cependant la famille de ses anciens maîtres ne s'était pas éteinte. A la cour de France, comme en Lorraine, elle avait continué à tenir une place éminente. Son représentant d'alors, venait d'ajouter à cette notoriété séculaire ses mérites personnels d'écrivain et d'homme d'Etat. Jean-Louis-Othenin-Bernard de Cléron, comte d'Haussonville, avait épousé en 1836. Mlle Louise de Broglie. Membre de l'Académie française, plus tard président de l'Association des Alsaciens-Lorrains, il devait fonder pour eux, la colonie algérienne d'Haussonviller; et son *Histoire de la réunion de la Lorraine à la France*, dit mieux que tout le reste la force des souvenirs qui l'attachaient à notre pays.

Il conçut donc le projet de rentrer en possession de la demeure familiale délaissée par ses aïeux. Cordier lui en céda, le 27 octobre 1849, la partie qu'il occupait par lui-même. Un sieur Jocquel, maître charpentier, auquel avait été vendue l'autre portion, consentit également à s'en dessaisir le 10 janvier 1851. M. d'Haussonville paya le tout 38.000 francs, et depuis lors, son nom est resté définitivement attaché à la vieille demeure dont il a réuni les débris.

On le revit aussi à Haussonville, où sa mémoire est encore vénérée.

Après lui, en 1884, son fils Gabriel-Paul-Othenin-Bernard se montra non moins fidèle à la conservation de son domaine lorrain. Élu, comme son père, à l'Académie française, nous le voyons également inscrit parmi les membres de notre Société d'archéologie.

Cependant, en mars 1896, il se démit de tout ce qu'il possédait à Haussonville. Les terres furent dispersées. Le château du moins demeura en la possession d'une famille lorraine (1).

(1) La famille de Bouvier.

Madame la comtesse d'Haussonville, née Eulalie-Eugénie d'Harcourt, présidente de la Société française de secours aux Blessés, reparut à Nancy aux jours tragiques de 1914. En dépit de son âge et d'une santé déjà ébranlée, nous la vîmes parcourir nos ambulances de frontière, y prodiguant, avec calme et autorité, les encouragements et les conseils. Elle aimait à rappeler ses origines lorraines et l'attachement particulier qu'elles lui inspiraient pour notre pays dévasté.

Mais après la mort de son mari, qui lui survécut jusqu'en 1924, les nécessités d'un partage entre leurs quatre filles (1) déterminèrent une dernière mise en vente de l'hôtel reconstitué par leur aïeul.

Il est passé en d'autres mains le 25 février 1926.

On ne pouvait songer à une réparation complète des outrages que l'hôtel d'Haussonville a soufferts du temps et des hommes. Du moins une tentative de restauration partielle semble-t-elle avoir obtenu déjà quelque résultat.

Les poutrelles des plafonds, délivrées de leur gangue de plâtre, se profilent librement au-dessus des grosses solives qui les supportent, et restituent à l'ensemble des pièces l'élévation et l'élégance conçues par leur constructeur. Dans la cour, débarrassée, autant qu'on l'a pu, des constructions parasites et maladroites qui l'étouffaient, réapparaissent maintenant (non toutefois sans certaines concessions aux exigences de l'habitation moderne), les robustes encorbellements des galeries ajourées.

Surtout la porte banale qui donnait accès à la tour de l'escalier a disparu. Un heureux hasard a permis de lui substituer une porte ancienne et authentique, celle bien connue qu'on remarquait à la maison dite des Sirènes, au n° 5 de la rue Saint-Michel. On s'accorde à y reconnaître

(1) Mᵐᵉ la comtesse Le Marois, Mᵐᵉ la marquise de Bonneval. Mᵐᵉ la duchesse de Plaisance, Mˡˡᵉ Mathilde d'Haussonville.

un intéressant spécimen de la sculpture sur bois au temps de la Renaissance.

Enfin, une réplique de l'épitaphe de Balthazar d'Haussonville, remplace au fond de la galerie du rez-de-chaussée l'original conservé par la famille. Elle continuera, selon le vœu de son auteur et de ses descendants, à défendre contre l'indifférence et l'oubli le souvenir de ceux qui pendant près de quatre siècles, ont habité cette vieille maison.

E. AMBROISE.

BIBLIOGRAPHIE

— Dans la *Revue du XVIe siècle*, 1927, p. 1-48, M. Fernand DESONAY étudie *Antoine de La Sale*, poète qui fut au service de René d'Anjou et de Jean II, né en 1388, mort en 1461 ou peu après.

— Dans la même revue, p. 141-149, notre confrère, M. Gaston ZELLER, écrit sur *Le séjour de Rabelais à Metz* en 1546 et 1547, peut-être même 1548.

CHRONIQUE

Versements de membres perpétuels

Ont versé la somme de 200 francs dans les conditions indiquées à la délibération du 8 avril 1891 et sont, en conséquence, devenus membres perpétuels de la Société :

MM. FREBILLOT (Jean), directeur de l'Agence centrale de la Société Nancéienne, 17, rue Baron-Louis;

JARRY (Paul), de la Société des gens de lettres, secrétaire général de la Fédération des Sociétés d'histoire de Paris et de l'Ile de France, 62, rue Blanche, Paris (IXe);

DE LA CELLE (S. G. Monseigneur), évêque de Nancy et de Toul, 6, rue Girardet;

DE LAMEZAN-SALINS (le général de division Robert, comte), château de Swirtz, par Léopol, Pologne;

MM. O'Gorman (comte), villa O'Gorman, Pau (Basses-Pyré-
    nées);

    des Robert (Paul), 24, avenue Camus, Nantes (Loire-
    Inférieure).

Cours publics

Pendant l'hiver de 1927-28, deux de nos confrères font à la
Faculté des lettres de Nancy des cours publics ou ouverts au
public qui nous intéressent : le samedi à 16 h. 30, M. Ch. Bruneau étudie la chanson populaire en Lorraine; le jeudi à
8 h. 45, M. R. Parisot expose les institutions des villes et évê-
chés de Metz, Toul et Verdun.

Monuments historiques

Le *Recueil des actes administratifs* de Meurthe-et-Moselle,
n° 13 de 1927, p. 374, publie la loi du 23 juillet 1927, qui complète celle du 31 décembre 1913 en prescrivant l'inscription sur
un inventaire supplémentaire des édifices ou parties d'édifices
qui, sans être classés, offrent assez d'intérêt pour que leur
conservation soit désirable. Les édifices ainsi inscrits ne pourront être modifiés sans autorisation ministérielle.

Excursion à Pont-à-Mousson

Le jeudi 21 juillet, la Société d'archéologie lorraine avait
organisé une visite de Pont-à-Mousson, de concert avec le
Syndicat d'initiative de cette ville.

Les membres de la Société furent reçus à la gare par les
principales notabilités de la ville, M. Cabaret, maire, en tête,
notabilités qui, nous le verrons plus loin, firent successivement les honneurs de leur cité.

L'excursion commença par l'ascension de la côte de Mousson.
M. Ch. Renaudin, adjoint au maire, expliqua, du sommet de
la plateforme, le magnifique tour d'horizon, puis indiqua le
but poursuivi par le groupement pour la conservation de la
tour de Mousson qu'il représentait et fit connaître les travaux
de consolidation restant à effectuer.

Il est permis de regretter que l'église dominée par cette tour, située à l'emplacement de l'antique chapelle castrale, où sont conservés ou plutôt très exposés les curieux fonts baptismaux du xıe siècle, n'ait pas été rendue au culte. Les habitants, paraît-il, ne voulaient plus grimper en haut de la motte seigneuriale ; alors, au lieu d'une église moderne en grès rose, pourquoi n'a-t-on point utilisé l'ancienne chapelle des Templiers, convertie en habitation et que nous visitons également avec un vif intérêt ?

N'omettons point de relater que M. l'abbé Haegeli, desservant Mousson, nous fit très aimablement les honneurs de la nouvelle église.

A midi, l'appétit aiguisé par la montée du matin et l'air vif de la côte, les excursionnistes déjeunèrent tous ensemble à Pont-à-Mousson.

A 14 heures, renforcé de nouveaux venus et de nombreux Mussipontains, le groupe fut reçu à l'Hôtel de Ville par M. Cabaret, maire, assisté des membres du conseil municipal ; des boiseries finement sculptées, des tapisseries anciennes y furent admirées. Puis ce fut la visite proprement dite de la ville où, à chaque pas, d'intéressants vestiges, principalement des xvıe et xvııe siècles, se rencontrent, à commencer par la place Duroc, avec la maison dite des Sept péchés capitaux, l'ancienne résidence ducale, dite autrefois le château d'Amour.

Les promeneurs commencèrent leurs investigations par la rive gauche. D'abord, dans la rue des Alliés, la demeure de Dominique Richard de Clévant (1). Une de ses filles, Chris-

---

(1) Sur ce personnage consulter l'ouvrage anonyme (du marquis DE PELLEPORT), non mis dans le commerce : *Recueil de filiations 1610-1910. Descendance de Dominique Richard de Clévant*, 1913, in-fol. allongé de xLI tableaux généalogiques avec frontispice en couleurs. L'auteur de ces lignes compte la baronne de Myon au nombre de ses aïeules et possède un curieux manuscrit « du travail du sr Richard, capitaine, prevost et gruyer de Pont-à-Mousson, de l'an mil six cens quarante cinq et de son âge le 60e », c'est-à-dire de Dominique Richard lui-même, travail d'ailleurs utilisé par M. L. GERMAIN DE MAIDY dans ses *Recherches sur la famille noble Paton, vraie famille de la maréchale Fabert.*

tine, s'allia au baron de Myon et une autre, Claude, au maréchal Fabert.

Cette demeure est ornée d'intéressantes sculptures de style Renaissance. Quelques pas plus loin, dans la cour de la maison des Sept péchés capitaux, immeuble occupé maintenant par la Société Nancéienne, un beau bas-relief, de même style, représente, semble-t-il, la conversion de Saül.

Au passage, rue de la Poterie, un coup d'œil est jeté sur la porte de l'ancien Hôtel des Monnaies, datant de 1591.

Dans une école du quartier Saint-Laurent, jadis couvent Notre-Dame, est admiré un riche plafond à caissons, puis au n⁰ 68 de cette même rue Saint-Laurent, dans la cour de la maison jadis occupée par Mengin Lefebvre, une fontaine aux armes de ce dernier, armes prêtant, paraît-il, à d'équivoques allusions, paraissant, d'ailleurs, complètement fausses (2).

Au n⁰ 62 est encore la maison où se firent les premiers cours de l'Université et dans laquelle Guillaume Barclay, élève de Cujas, professa en 1578.

Au n⁰ 52 l'ancienne résidence des comtes de Raugraff.

Au n⁰ 19, la maison des officiers de justice avec sa façade bien conservée.

Il n'est pas possible d'entrer ici dans les détails, de signaler les balcons soutenus par de riches consoles, les cours intérieures. Il est temps d'entrer dans l'église Saint-Laurent où les visiteurs sont accueillis avec bonne grâce par M. le curé.

Une description de l'édifice serait superflue, mais il faut signaler un précieux triptyque du style de transition entre le gothique et celui de la Renaissance, apparenté, évidemment, aux merveilles du musée de Colmar.

Dans la nef de gauche le Christ portant sa croix est attribué

---

(2) Mengin Lefebvre, attaché au service de la maison du duc Antoine, fut anobli par ce dernier le 20 mars 1543 et reçut, comme armes : *d'azur à une rencontre de cerf accornée de dix cors d'or, accompagnée de trois croisettes pommetées au pied fiché d'argent.* C'est là l'origine de la famille connue de nos jours sous le nom de Lefebvre de Saint-Germain.

à Ligier Richier. Dans la sacristie se trouve un Christ en croix de toute beauté, facture archaïque mais d'un poignant réalisme. Nous gagnons alors la rive droite sur un pont de bois provisoire, le vieux pont, dont une arche avait été détruite au début de la guerre, étant livré aux démolisseurs.

Là, le portail de Saint-Martin est heureusement dégagé. M. le doyen fait les honneurs de son église, construite au xvᵉ siècle par les Antonistes puis cédée aux Jésuites lors de la fondation de l'Université. Les modifications apportées par ces derniers ne sont pas très heureuses : le jubé, en particulier, fut utilisé comme buffet d'orgues. De bons tableaux sont encore conservés là ainsi que la fameuse *Mise au tombeau* de Ligier Richier. Emporté au cours de la guerre, cet ensemble de précieuses sculptures fut remis en place à la paix, mais, vrai mystère, les saintes femmes, au nombre de trois, comme tout le monde le sait, revinrent à quatre ! Effectivement une belle statue de femme, de même facture, fut alors dirigée sur Pont-à-Mousson et on ne sait d'où elle vient !

Restent encore à voir le Collège de garçons, l'ancienne et fameuse Université et l'Hôpital civil, jadis abbaye de Sainte-Marie-Majeure. Au plus près, c'est l'Université. Une remarque s'impose de suite. Etant donné la simplicité monacale de l'extérieur, il est fort curieux de constater la belle ordonnance de la cour intérieure et l'ornementation sobre mais élégante des bâtiments qui l'entourent. C'est ce que fait remarquer excellemment M. Jourdan, principal du collège, qui donne, avec érudition et amabilité tous les détails utiles.

C'est avec émotion que les excursionnistes admirèrent la salle des actes, restée intacte avec son plafond à poutres apparentes. Tout un monde est, un instant, tiré du passé : la fameuse Université, ses professeurs et ses deux mille étudiants, au nombre desquels, comme le rappelait M. Jourdan : le cardinal de Retz, le prince de Vaudémont, saint Pierre Fourier et plus près de nous : Duroc, Favier, Lasalle, de Serre !

Si l'aspect extérieur des anciens bâtiments de l'Université rappelle la simplicité monacale, il n'en est pas de même de

l'Hôpital-civil, Séminaire et autrefois riche abbaye de Pré-
montrés.

Merveille pas assez connue que cet harmonieux ensemble de
bâtiments, de galeries, de jardins sans omettre une somp-
tueuse salle de bibliothèque et une chapelle aux proportions de
véritable église. On se demande quel est l'émule de Boffrand
ou de Héré qui put mener à bonne fin pareille œuvre et on
demeure stupéfait quand on apprend que le génial architecte
qui conçut et réalisa cette merveille, nous reprenons le mot à
dessein, était un simple oblat du nom de Pierron !

C'est sous cette impression que les membres de la Société
qui avaient eu l'heureuse inspiration de faire cette excursion,
prirent à regret le chemin de la gare après avoir adressé à
leurs aimables cicerones, membres de la municipalité, du
Syndicat d'initiative et de la Société des Amis de Pont-à-Mousson, leurs sincères et chaleureux remerciements.

E. R.

Bourmont-La Mothe
(20 août 1927)

En son temps la presse régionale rendit compte de l'excursion organisée le dimanche 20 août 1927, par la Société phi-
lanthropique « La Haute-Marne », présidée par M. Xavier de
Borssat. Il convient néanmoins d'en dire un mot au *Bulletin*.

MM. le maréchal Lyautey et le duc de La Force, pour ne
citer que ces deux personnages, avaient bien voulu honorer de
leur présence ce pèlerinage lorrain.

Le matin ce fut la visite de Bourmont sous la conduite de
MM. le lieutenant-colonel de Baudel et Maure, puis, dans
l'après-midi, ce fut vers La Mothe que se dirigea la foule des
visiteurs.

Là-haut, sur le plateau boisé où fut la ville forte, les hôtes
de marque furent reçus par M. Alcide Marot, le délicat poète
de Nijon, qu'une mort prématurée vient d'arracher aux études
d'histoire locale où il excellait.

Aussitôt le cortège arrivé sur la Place du Gouvernement,
M. le maréchal Lyautey déposa une palme au pied du monu-

ment commémoratif des sièges et M. des Robert, président de
la Société d'archéologie lorraine, prononça le bref discours qui
suit :

MESDAMES, MONSIEUR LE MARÉCHAL, MONSIEUR LE DUC, MESSIEURS,

Il n'est pas dans mes intentions de comparer la réunion d'aujour-
d'hui aux fêtes celtiques qui viennent de dérouler leurs rites millé-
naires et leur splendeur près de Pont-Aven, à Rieuc-sur-Belon ; néanmoins ces deux manifestations régionalistes ne sont pas sans présenter
certaine analogie : elles établissent, au sein de notre grande patrie,
la France aimée par dessus tout, la persistance des traditions locales.
Ainsi se trouve conservée, dans les diverses provinces de notre pays,
la physionomie propre qui les distingue de leurs voisines.

Nous nous sommes rendus aujourd'hui, d'abord à Bourmont, puis
à La Mothe pour faire revivre un instant le passé glorieux de nos
duchés : Bourmont, l'antique siège d'une sénéchaussée, puis la capi-
tale du Bassigny barrois, divisé par la Meuse, dès le commencement
du xive siècle, en Bassigny barrois mouvant et non mouvant. La Mothe,
la valeureuse forteresse qui, avant de succomber sous le nombre,
puis d'être rasée de fond en comble, contrairement à la foi jurée,
soutint divers sièges mémorables !

Bourmont, où il ne restait plus que quinze maisons, en 1645, au
moment où vinrent s'y réfugier de malheureux habitants de La Mothe
chassés de leur ville détruite comme l'avait été Carthage, deux mille
ans plus tôt !

Président de la Société d'archéologie lorraine et du Musée historique
lorrain, créés pour la consécration des souvenirs de toutes les gloires
de l'ancienne Lorraine (Meurthe, Meuse, Vosges, Moselle et Haute-
Marne), comme le porte au Palais ducal la plaque d'inauguration du
Musée, le 10 septembre 1850, c'est avec une certaine fierté que je
rapporte l'initiative, prise il y a trente-deux ans par la Société
d'archéologie lorraine, de faire poser sur la muraille du bastion Saint-
Nicolas de La Mothe une dalle commémorative où se lisait :

EN SOUVENIR DES HÉROIQUES COMBATS

LIVRÉS POUR L'ATTAQUE ET LA DÉFENSE DE CE BASTION SAINT-NICOLAS

PENDANT LES SIÈGES DE LA MOTHE

EN 1634, 1642 ET 1645

LA SOCIÉTÉ D'ARCHÉOLOGIE LORRAINE A FAIT GRAVER CETTE INSCRIPTION

MDCCCXV

Puis, le 7 juin de l'année suivante, cette même Société fit ériger, sur l'ancienne place du gouvernement, dégagée, cette colonne pyramidale à faîte crénelé qui rappelle l'héroïque défense de la place forte et sa disparition.

On y lit :

ICI FUT LA MOTHE

GLORIA VICTIS !

Notre vénéré prédécesseur, M. Charles Guyot, fit, en ce même jour, la remise à la commune de Soulaucourt de « ce monument élevé par souscription publique, destiné à rappeler que sur cette montagne s'élevait jadis une ville qui fut le rempart de la nationalité lorraine et périt victime de son dévouement ! »

A ses côtés se trouvaient les réalisateurs de cette entreprise, presque tous disparus. J'aurai un souvenir ému pour le bon abbé Liébaut, alors curé d'Outremécourt et qui le resta jusqu'à sa mort, pour le comte de Landrian, dont les deux fils sont mort si prématurément, le descendant de Nicolas de Landrian, écuyer et aide-de-camp de Clicquot, qui, celui-ci ayant dû se soustraire par la fuite à la vengeance de Mazarin, exécuta, le 1er juillet 1645, la capitulation du dernier siège et emmena vers Longwy la petite armée lorraine, avec armes et bagages, la mèche allumée, balle en bouche, enseignes déployées, tambours battant.

Parmi les animateurs de l'œuvre se trouvait aussi M. Alcide Marot, toujours fidèle au poste. Il me permettra de rappeler les strophes enflammées par lesquelles il glorifia les soldats tombés au cours des rudes combats pour l'attaque et la défense de la forteresse.

> « Oh, salut tous... salut, Français, Lorrains... O frères
> Tombés, le glaive en main, sous des drapeaux contraires,
> Femmes des vieux Lorrains qui combattiez aussi,
> Sœurs de Jeanne, à leurs cœurs vous rendiez l'espérance !
> Vous avez engendré des Français à la France,
> Et ce sont vos enfants qui vous fêtes ici ! »

J'aurai voulu évoquer ici plus que la foule anonyme des soldats et de leurs chefs, citer bien des combattants des trois sièges de La Mothe où, pour céler la mort de M. de Choiseul d'Ische, laquelle eut causé grande joie aux assiégeants, les assiégés eurent recours au camouflage, tout comme lors de la grande guerre, en tendant des toiles au travers des rues cachant la vue des honneurs funèbres rendus au courageux gouverneur, mort sur le retranchement près de la Myotte, où le chef de l'armée d'investissement, Magalotti, neveu du cardinal Mazarin, s'avançant, en première ligne, monté sur son cheval blanc, fut mortellement atteint d'une balle au front tirée par M. de Héraudel, prévot des chanoines de La Mothe !

Je me contente de lancer aux échos les vieux noms de cette épopée qui fleurissent encore : Choiseul, La Force, Lavaulx, Montarby, Noailles, Riocour. Vous me permettrez d'y joindre un nom du temps présent, un nom cher à tous les Français et dont se glorifie la Lorraine, symbole d'énergie, de courage, d'intelligence, de valeur morale, le nom de celui qui préside cette fête : le maréchal Lyautey.

Vive Lyautey, vive la Lorraine, vive la France !

Ensuite, à la Chaise Clicquot, sur l'emplacement de l'église, aux bastions, à la Roseraie, M. Alcide Marot esquissa de magistrale façon la physionomie de la cité disparue.

A la Roseraie, ancienne place d'Armes, M. le général Henrys situa, dans l'histoire générale, les trois sièges de La Mothe. Après lecture d'une pièce de vers de circonstance, due au talent de notre confrère M. Pierre Xardel, avocat à la Cour de Paris, retenu loin de La Mothe, M. de Borssat remercia M. le maréchal Lyautey et toutes les personnes ayant répondu à l'appel de la Société « La Haute-Marne » et venus avec elle honorer la mémoire des héroïques combattants des sièges de La Mothe, lorrains et français.

MUSÉE HISTORIQUE LORRAIN

LEGS

Section III

Par Mme Zégut : Tabatière en or, ornée de brillants, offerte en 1867, par François-Joseph, empereur d'Autriche, à M. E. Zégut, maître de forges à Tusey (Meuse).

DONS

Section I

Par M. Georges Petitjean : Petit vase à anse et écuelle en terre cuite ; cinq monnaies en bronze d'Agrippa, Philippe père et Maxence, ces objets provenant d'un sarcophage exhumé près de Fériana (Tunisie).

— M. le curé de Cutry : Bloc quadrangulaire en pierre calcaire sur chaque face duquel sont sculptés en bas-relief Mercure, Hercule, Apollon et une déesse drapée tenant une patère. Bas-relief en pierre figurant un Apollon, ces deux petits monuments trouvés à Cutry.

— M. G. Dargent : Deux scramasax, un fer de lance, quatre couteaux et trois plaques de ceinturon en fer niellé d'argent, provenant d'une sépulture barbare à Landaville (Vosges).

— M. Bichet, à Bralleville : Fers de haches et de lance, couteaux, boucles en bronze, monnaies, vase en terre cuite et autres objets trouvés sur son terrain lors des fouilles entreprises par M. Ed. Salin pour le compte du Musée lorrain, sur l'emplacement de sépultures barbares, à Bralleville.

— Mlle Thouvenin, en souvenir de M. Joseph-Michel Thouvenin, son frère : Hache polie en silex gris et fragments de poterie avec marques de potiers gallo-romains, trouvés au lieudit *à l'Olivier*, à la Madeleine, commune de Laneuveville-devant-Nancy.

— M. Kunégel, chef carrier : Ossements et débris de poteries trouvés à une grande profondeur dans les carrières avoisinant le « Champ-le-Bœuf » près Nancy.

— MM. Édouard Germain et le commandant H. Germain : Hache en serpentine verte provenant du département de Vaucluse, et deux couteaux en silex de provenance inconnue.

— M. le docteur R. Collignon à Jaulny : Fragment d'une statue en pierre, figurant un poing fermé, de l'époque gallo-romaine, trouvé au lieudit *Blainchamp*, à Jaulny.

Section II

Par M. Edmond des Robert : Cinq insignes commémoratifs des concours de gymnastique de l'Union Drouot à Nancy 1911, Toul 1922, Nancy 1924, Longwy 1925 et Pont-à-Mousson 1927.

— Mlle Renauld : Médaille d'engagé volontaire en 1870 de M. Albert Renauld, son frère, bienfaiteur du Musée.

— MM. Édouard Germain et le commandant H. Germain : Un lot important de médailles religieuses. Monnaies, médailles et jetons divers.

Section III

Par MM. Aubry, propriétaires de la faïencerie de Bellevue-Toul : statuettes en « terre de Lorraine », exécutées avec les moules du xviiie siècle : La Nativité, le petit Amour, Vénus qui corrige l'Amour, Vénus et Adonis.

— M. Paul Carpe : portrait du maréchal Fabert, tableau en bois (xviie siècle), cadre ancien en bois sculpté et doré.

— M. Curet, à Poussay : Robe en dentelle à l'aiguille (point de Venise), terminée en 1879, par Françoise Petelot, de Poussay.

— Mgr Pietro Ercole et M. le chanoine Fiel : calotte pourpre portée par S. E. François-Désiré Mathieu, cardinal-prêtre au titre de Sainte-Sabine. Ce don est accompagné de la bulle pontificale de Léon XIII, de quatre brefs concernant les honorifiques et les privilèges cardinalices et de l'acte de prise de possession par le cardinal de son titre cardinalice de Sainte-Sabine.

— M. Alexandre Gény, entrepreneur : trois taques représentant : 1º Cérès; 2º « l'Hyver » et l'inscription « Nassau », « Sarbruck »; 3º un berger jouant de la flûte (xviiie siècle).

— M. L. Germain de Maidy : insignes maçonniques de provenance barroise.

— M. le commandant H. Germain et M. Ed. Germain : Assiette dite « patriotique », décorée des emblèmes des Trois-Ordres (fabrication lorraine). Petit plateau en verre blanc gravé aux armes de la famille Georges de Schelaincourt (pays messin) (xviiie siècle).

— Mme la comtesse de Landrian du Montet : Vase en porcelaine de Vienne, signé de Lamprecht, offert par l'empereur Joseph II au maréchal comte de Lascy. Ce vase fut légué au général O'Brady et donné par ce dernier au baron du Montet, chambellan de Sa Majesté l'Empereur.

Section IV

Par M. Chassel à Laneuveville-devant-Nancy : Plan moderne de La Mothe.

— Mlle Dubois : Deux portraits (lithographie) du duc Léopold, retirés des décombres du Musée lorrain après l'incendie de juillet 1871.

Section V

Par M. Albert Troux : Treize fuseaux de dentellières provenant de Mirecourt.

— M. Charles Sadoul : Canne bois sculpté.

— M. Urbain Noirel : Vase à vinaigre en terre.

— M. Paul Laprevôte : Gilet toilé blanche brodée.

— Me L. Beckerich : Une crémaillère en fer forgé. Une vue d'optique.

DÉPOTS

Sections III et IV

Par le Groupe Turenne : Képi du général de Castelnau comme colonel du 37e R. I., actuellement dissous. Buste en plâtre du maréchal de Turenne.

— La Ville de Nancy : Portrait de Christine de Lorraine, fille aînée du duc Charles III et de Claude de France, grande duchesse de Toscane, née à Nancy en 1565, † en 1637 ; peinture à l'huile.

« La Tentation de Saint Antoine » ; planche cuivre, héliogravure de l'œuvre de Callot.

Trois taques : 1o avec représentation de saint Nicolas et la date de 1669 ; 2o aux armes de France ; 3o à sujet mythologique.

ACQUISITIONS

Section III

Petit meuble d'appui à deux portes superposées, chêne sculpté, travail lorrain du début du xviie siècle.

Deux assiettes de la faïencerie de Bellevue-Toul (vers 1800), de forme octogonale avec décor de paysages en camaïeu.

Assiette en ancienne faïence de Saint-Clément, estampille Sr C. (vers 1800).

Salière en étain avec poinçon de Nancy (début du xviiie siècle).

Portrait de Nicolas-Joseph Lefebvre, premier président de la Chambre des Comptes de Lorraine, né à Épinal en 1663, mort à Nancy en 1736, peinture à l'huile.

Section V

Bois d'impression pour étoffes.

TABLE DES MATIÈRES

Procès-verbaux des séances

Mémoires

Bibliographie

Chronique

Musée historique lorrain

Planches et Figures

Pour la Commission de rédaction, le Président : E. des ROBERT.

L'imprimeur-gérant: A. Humblot, 21, rue Saint-Dizier, Nancy.